Gaby Fischer-Düvel • Nina Held

Ich spiele, also lerne ich

FREISPIEL IN DER KITA

sinnvoll begleiten

Mit **Praxisbeispielen** zu allen **Bildungsbereichen** und digitalem Zusatzmaterial

Verlag an der Ruhr

Impressum

Titel
Ich spiele, also lerne ich – Freispiel in der Kita sinnvoll begleiten
Mit Praxisbeispielen zu allen Bildungsbereichen und digitalem Zusatzmaterial

Autorinnen
Gaby Fischer-Düvel, Nina Held

Lektorin
Corina Altmann

Umschlagmotive
Foto © Nina Held, Punktemuster © Elena – stock.adobe.com

Fotos
Sofern nicht anders angegeben © Nina Held
Die Abbildung der Handpuppe auf S. 45 erfolgt mit freundlicher Genehmigung von FOLKMANIS-PUPPETS/Europe.

Druck
Athesia Druck GmbH, Bozen, IT

Verlag an der Ruhr
Mülheim an der Ruhr
www.verlagruhr.de

Geeignet für Erzieher*innen, Kita-Leitungen und pädagogische Fachkräfte

ISBN 978-3-8346-6396-2

Inhalt

THEORETISCHES GRUNDWISSEN ZUM FREISPIEL

PRAXISBEISPIELE

Inhalt des Downloadbereichs

- Eltern-Interviewbogen zum Thema „Spiel“
- Reflexionsbogen für Fachkräfte zum Thema „Freispiel und Raumgestaltung“
- Reflexionsbogen für Fachkräfte am Ende eines Arbeitstages
- Kinder-Interviewbogen zum Thema „Spiel“
- So sieht meine Wunsch-Kita von außen aus! (Portfolioblatt)
- So sieht meine Wunsch-Kita von innen aus! (Portfolioblatt)
- Zaubersand- und Modelliermassenrezepte
- Kopiervorlage zum Angebot/Impuls „Zahnräder“ (S. 94)
- Kopiervorlage zum Angebot/Impuls „Zauberlicht-Geschichten“ (S. 94)
- Weitere Angebote/Impulse zu den fünf Fallbeispielen

Alle im Download enthaltenen Dateien können Sie unter folgendem Link oder über das Einscannen des QR-Codes herunterladen:
Passwort: WHF6P3LT
Link: cloud.verlagruhr.de/lerninhalt/ire8z2RFR0U6/

Sollten der Link und der QR-Code ihre Gültigkeit verlieren, wenden Sie sich bitte an digitaleslernen@verlagruhr.de.

Vorwort

Liebe Fachkräfte, liebes pädagogisches Personal und alle, die sich für dieses wichtige Thema interessieren:

Die beste Bildung der Welt ist … die freie, selbstbestimmte, von innen heraus motivierte Bildung. **Das beste Spiel der Welt ist …** das freie, selbstbestimmte, intrinsisch – von innen heraus – motivierte Spiel. Für die frühkindliche Bildung drückt das ein Wort besonders gut aus: **„Freispiel"**.
Sich Wissen, Kenntnisse oder Fähigkeiten anzueignen, gelingt immer dann am besten, wenn man sich für etwas begeistert, neugierig und motiviert ist. Zusätzlich verfestigt der Spaß an der Sache das Erlernte, weil man immer wieder darauf zurückgreifen kann. Durch die „Lern"-Freude und die Begeisterung an der Sache werden die eigenen Fähigkeiten weiterentwickelt.
Wir müssen Vertrauen in die persönlichen Ressourcen und Entwicklungsfähigkeiten von Kindern setzen. Das Kind steht im Fokus, ist Ausgangspunkt des pädagogischen Handelns und Mittelpunkt der Gestaltung kindlicher Entwicklungsprozesse.
Im Sinne von Maria Montessori ist das **Spiel** als zu eigen Machen der Welt[1] zu verstehen. Daher ist es für die frühkindliche Bildung der wichtigste Grundstein, eigenes Wissen zu erweitern. Es soll frei, selbstbestimmt und intrinsisch, also von innen heraus, motiviert sein. Diese Zeit des freien Spiels bezeichnen wir im Elementarbereich als „Freispiel". Es ist der Zeitraum, in dem das Kind die Spielart, die Mitspielenden, die Spieldauer, den Spielort – egal ob drinnen oder draußen – die Spielintensität und das Spieltempo – im Rahmen der bestehenden Gruppenregeln und Bedingungen – eigenständig wählen kann.
In dieser Phase wird das Kind in seinen Selbstbildungsprozessen von den pädagogischen Fachkräften begleitet und unterstützt.
Kinder bilden sich nicht, indem sie fertiges Wissen von anderen übernehmen, sondern erst, wenn sie eigene Fähigkeiten und Stärken kreativ und mit allen Sinnen erfahren, umsetzen und erweitern können.
Das Spiel stellt in besonders ausgeprägter Weise ein selbstbestimmtes, allumfassendes Lernen dar. Dieses ganzheitliche Lernen fordert und fördert die Entfaltung der Persönlichkeit des Kindes und den gesamten Entwicklungs- und Lernprozess. Spielen und Lernen sind deshalb keine Gegensätze, sondern gehören in vielerlei Hinsicht untrennbar zusammen.

Vor allem das freie Spiel ist eine ideale Quelle für Lernmotivation, wodurch sozial-kommunikative Kompetenzen und offenes, experimentierfreudiges Denken unterstützt werden. Spielen ist daher als eigenständige und schöpferische Leistung des Kindes zu begreifen.

Die pädagogischen Fachkräfte richten deshalb auch ihr erzieherisches Handeln am Grundbedürfnis des kindlichen Spiels aus. Die Beobachtung der Kinder in ihrem Spiel und ihrem Tun ist eine grundlegende Voraussetzung für pädagogisches Handeln. Die Fachkraft kann durch ihre Handlungskompetenz die Spielbegleitung z. B. durch Impulssetzung entsprechend individuell gestalten.

[1] Vgl. Höhn, T. (2010).

Die Fachkraft schafft, basierend auf ihrem grundlegenden Fachwissen, den geeigneten Bedingungsrahmen, um den unterschiedlichen Bedürfnissen der Kinder gerecht zu werden.

Hinweis:
Genau hier setzt unser Fachbuch an:
- Alltagssituationen in der Kita bilden den Ausgangspunkt für die verschiedenen Fachthemen.
- Situationsbeschreibungen sind das Besondere unseres Buches, denn sie werden analysiert, interpretiert und durch Handlungsalternativen und Impulsanregungen veranschaulicht.
- Praxisorientierte Ergänzungen beinhalten zusätzliche Tipps, Arbeitshilfen, Checklisten, Portfolioblätter und Reflexionsanregungen.

Ein weiterer Schwerpunkt unseres Buches ist die **Sammlung von Impulsen/Angeboten** mit Materialien, die den verschiedenen Bildungsbereichen zugeordnet sind, die Wichtigkeit des Spiels unterstreichen und den Zusammenhang zur Bildung greifbar machen.

Viel Spaß mit „dem besten Spiel der Welt"!

Vorbemerkungen zum Aufbau des Buches

Dieses Buch ist in Form kompakten Wissens aufgebaut. Die Kapitel sind so gestaltet, dass sie dem unterschiedlichen Wissensstand der Leserschaft gerecht werden.
Zur Orientierung und schnellen Navigation zwischen Theorie und Praxis finden Sie an wichtigen Stellen wiederkehrende farbliche Symbole und Querverweise mit Seitenzahlen.

Im 1. TEIL des Buches gehen wir auf die Grundlagen des Freispiels ein.

Im 2. TEIL stellen wir konkrete Situationsbeschreibungen aus dem Kita-Alltag vor. Diese werden analysiert, interpretiert und es werden Handlungsalternativen daraus abgeleitet (Impulse und Angebote).

Im DOWNLOADBEREICH erhalten Sie:
✔ Interviewvorlagen und Reflexionsanregungen,
✔ Portfolioblätter, Rezepte und Kopiervorlagen sowie
✔ weitere Impulse und Angebote zu den Fallbeispielen.

THEORETISCHES GRUNDWISSEN ZUM FREISPIEL

- Die Beobachtung als Grundlage pädagogischer Arbeit
- Die erzieherische Haltung in der Begleitung der Kinder
- Das Freispiel
- Die Gruppenphasen
- Die Bedürfnistheorie
- Die Dimensionen des Spiels
- Die Kommunikation
- Das Soziogramm

Die Beobachtung als Grundlage pädagogischer Arbeit

Das genaue **Beobachten** von Kindern gehört zum pädagogischen „Handwerkszeug" der Fachkräfte. Es ist die Basis für jegliche Erziehungsarbeit, denn hierdurch werden die Fähigkeiten, Kompetenzen und schließlich der erforderliche Entwicklungsbedarf festgestellt. Darauf aufbauend, erfolgt die erzieherische Auseinandersetzung mit möglichen Zielen und Handlungsstrategien.

Bei der Beobachtung und Dokumentation sind zunächst immer die Stärken und Fähigkeiten des Kindes zu berücksichtigen, um es positiv in seinen Kompetenzen wahrzunehmen.
Bereiche, in denen das Kind noch Unterstützung und Anregung benötigt, sind ein weiterer wichtiger Beobachtungsaspekt.

Hinweis:
Die nachfolgenden Aspekte sind nicht als vollständige Sammlung zu betrachten, die es nur abzuarbeiten gilt. Sie sollen als Anregung verstanden werden und müssen durch Beobachtungspunkte in der eigenen pädagogischen Arbeit noch ergänzt und erweitert werden, z. B. im Hinblick auf die altersentsprechende Entwicklung.

Stärken und individuelle Vorlieben des Kindes

Die Beobachtung stellt eine elementare Informationsquelle in der professionellen Arbeit mit Kindern dar. Nur wenn die Fachkraft Kenntnisse über das Kind, seine Stärken und Besonderheiten wahrnimmt, kann sie ihr pädagogisches Handeln individuell und unterstützend auf das Kind abstimmen.
Bei der Betrachtung der Stärken stehen zunächst die positiven Eigenschaften im Mittelpunkt. Altersentsprechende Fähigkeiten werden nicht als Stärke definiert. So ist es keine Stärke, wenn ein Kind mit sechs Jahren allein seine Schuhe anziehen kann. Eine Stärke ist jedoch dann zu erkennen, wenn ein Kind mit vier Jahren schon Buchstaben erkennt und erste Leseversuche macht. Nur im Zusammenhang mit der altersentsprechenden Entwicklung kann die adäquate Betrachtung der Stärken erfolgen; dies setzt entsprechende Kenntnisse darüber voraus.

Stärken können bestehen in der

- motorischen Entwicklung,
  - ➡ Fein- und Grobmotorik,
- sozial-emotionalen Entwicklung,
  - ➡ Rücksichtnahme anderen gegenüber,
  - ➡ Konfliktlösungskompetenzen,
- kognitiven Entwicklung,
  - ➡ Sprachkompetenz/Kommunikationsfähigkeit,
  - ➡ Sachkenntnisse,
  - ➡ Kreativität und Fantasie.

Bei der Beobachtung und Beschreibung der Kinder werden bewusst immer erst die Kompetenzen in den Blick genommen:

- Welche Vorlieben zeigt das Kind in seinen Spielthemen?
- Wie engagiert geht das Kind seinen Tätigkeiten nach?
- Wo erkenne ich bei dem Kind Selbstbildungskompetenzen?

Erst im zweiten Schritt wird geschaut, wo das Kind noch Unterstützung und Anregung in seiner Entwicklung benötigt.

Auseinandersetzung mit den Selbstbildungskompetenzen des Kindes

Aussagen zu den Fähigkeiten und zum Entwicklungsbedarf werden also nicht isoliert festgehalten, sondern nachvollziehbar und überprüfbar dokumentiert.

Hinweis:
Beobachtungskriterien für die Vorlieben des Kindes, seine Engagiertheit und seine Auseinandersetzung mit seinen Selbstbildungskompetenzen sind in den beiden Interviews im Downloadbereich zu finden.

All diese gewonnenen Erkenntnisse über das Befinden, die Engagiertheit, die Verhaltensmuster und individuellen Interessen des Kindes bilden die Grundlage für zielgerichtete Angebote, Aktivitäten und Impulse im Freispiel sowie auch in der Begleitung und Unterstützung des Kindes/der Kinder durch die Fachkraft (siehe S. 12–18).

Darüber hinaus unterstützen und helfen Reflexionen im Team, das eigene pädagogische Handeln der Fachkraft kritisch zu hinterfragen und so zukünftige Handlungsstrategien in der Erziehungsarbeit zu optimieren. Hierbei ist es zunächst wichtig, die Perspektive des Kindes einzunehmen, damit dessen Erleben und Verhalten für die Fachkraft nachvollziehbar werden. So erkennt sie den Entwicklungs- und Lernverlauf des Kindes mit dem Ziel, mit dem Kind ins Gespräch zu kommen. Auch die Struktur der gesamten Kindergruppe wird so deutlich.

Zweitens können die Fachkräfte in Reflexionsgesprächen ihre bisherige pädagogische Arbeit und die durchgeführten Angebote im Kollegenkreis hinterfragen. Fachlicher Austausch und die Zusammenarbeit im Team sollten stets eine große Rolle spielen.

Schließlich bilden Reflexionsgespräche die Basis für den Austausch mit Dritten über die Kita hinaus. Hierzu zählen Entwicklungsgespräche, die mit den Eltern geführt werden, und die Zusammenarbeit mit Grundschulen und Fachdiensten.

Nicht nur Beobachtung und Dokumentation sind für ein gelingendes Freispiel wichtig, auch eine gute, vertrauensvolle Haltung, Beziehung und Bindung zum Kind. Nur wenn sich das Kind angenommen, wohl und geborgen fühlt, kann es frei und ungezwungen spielen.
Ebenso entscheidend und wichtig ist die erzieherische Haltung der pädagogischen Fachkraft in der Begleitung der Kinder. Welches Bild vom Kind hat sie?

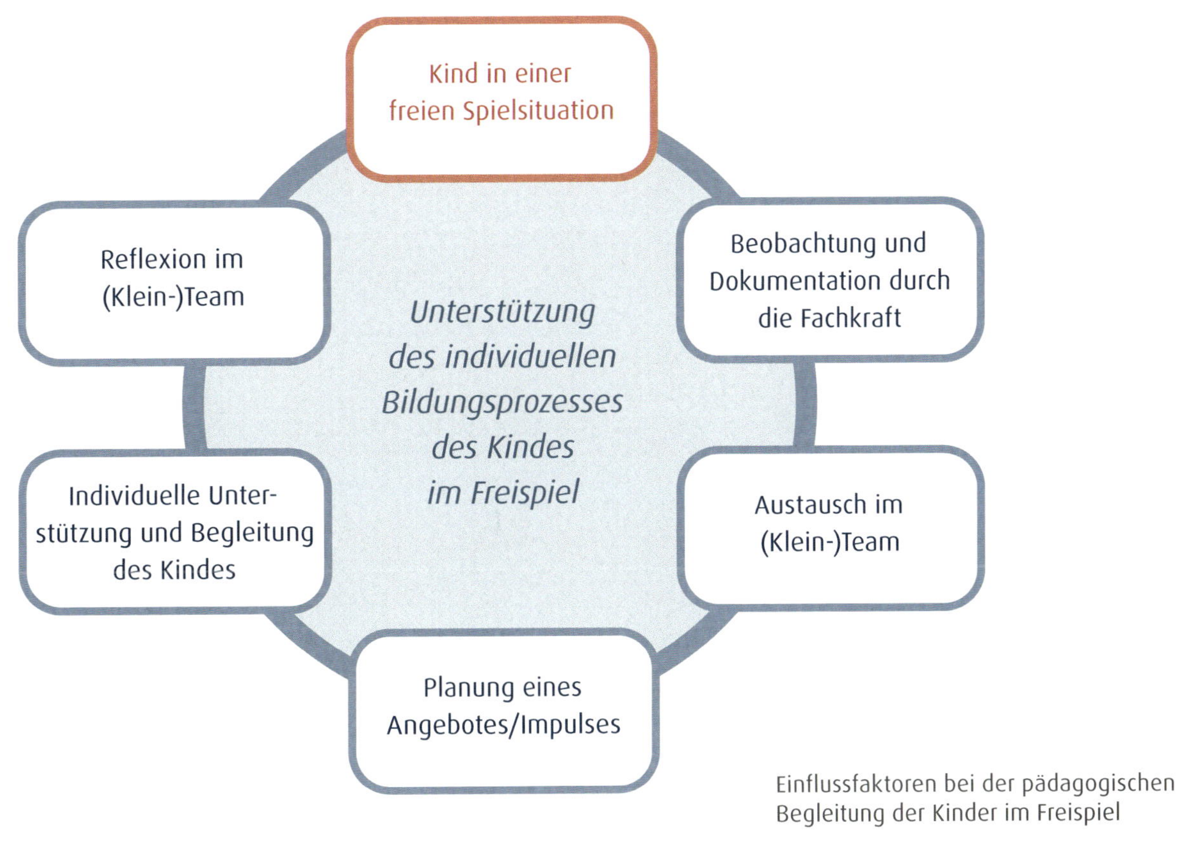

Einflussfaktoren bei der pädagogischen Begleitung der Kinder im Freispiel

Die erzieherische Haltung in der Begleitung der Kinder

Das Bild vom Kind

Fachkräfte handeln bewusst, wenn sie dem Kind Bildungs- und Beziehungserfahrungen ermöglichen und es dabei ganz individuell unterstützen, begleiten und gleichzeitig fördern.
Das Menschenbild der Fachkraft, ihre fachlichen Kompetenzen und auch ihre persönlichen Erfahrungen haben entscheidenden Einfluss auf die Entwicklung des Kindes. Grundsätzlich durchlebt jedes Kind bestimmte, nach **Maria Montessori** besonders sensible, Entwicklungsphasen, in denen es besonders offen und aufnahmefähig ist, um bestimmte Fähigkeiten und Fertigkeiten leichter zu erlernen. Jedes Kind lernt dabei in seinem eigenen Rhythmus und nach seinem eigenen Lerntempo[2]. Kinder sind somit kompetent und daher aktiv (sprich konstruktiv) in ihrer eigenen Entwicklung[3].
Die Fachkraft befindet sich in der Rolle der Begleiterin und nicht in der der Animateurin. Sie hört den Kindern zu, unterstützt sie und wird somit zur Lernpartnerin der Kinder.

Die Kompetenzen der pädagogischen Fachkraft

Kompetenzen sind nach Weinberg alles, was ein Mensch wirklich kann und weiß, also alle Fähigkeiten, Wissensbestände und Denkmethoden, die ein Mensch in seinem Leben erwirbt und die ihm zur Verfügung stehen[4].
Die Summe aller Kenntnisse und Fertigkeiten einer Fachkraft, um professionell zu handeln, bezeichnet man als **Handlungskompetenz**. Diese Fähigkeiten, Fertigkeiten und Haltungen sind bei jeder pädagogischen Fachkraft individuell ausgeprägt und bilden somit die Grundlage für die Begleitung der Kinder in deren Bildungszeit in der Kita, also auch in der wichtigen Zeit des „Freispiels". Wie die einzelnen Kompetenzen miteinander verknüpft sind, verdeutlicht das Schaubild auf S. 11.

Der Begriff **Handlungskompetenz** umfasst:

- die **Fachkompetenz** mit den beiden Komponenten Wissen und Fertigkeiten, z. B.:
  - ➡ Wissen um entsprechende Entwicklungsschritte, die ein Kind in einem bestimmten Alter vollzieht, und andere pädagogische Grundlagen,
  - ➡ Wissen um (individuelle) Fertigkeiten, z. B. Umgang mit Werkzeugen, Werkstoffen oder Materialien,
- die **personale Kompetenz**, bestehend aus Sozial- und Selbstkompetenz:
  - ➡ eigene Stärken und Schwächen kennen,
  - ➡ Entscheidungen treffen,
  - ➡ Verantwortung übernehmen,
  - ➡ sich Ziele stecken,
  - ➡ eigene Belastungsfähigkeit und Frustrationstoleranz,
  - ➡ konstruktives Infragestellen alltäglicher und neuer oder sich verändernder Strukturen,
  - ➡ Flexibilität, sich auf neue Situationen einstellen,
  - ➡ Teamfähigkeit,
  - ➡ Kommunikationsfähigkeit,
  - ➡ Empathiefähigkeit,
  - ➡ Kritikfähigkeit,
- die **Methodenkompetenz**, unter Berücksichtigung aller ihr zur Verfügung stehenden Methoden, Materialien sowie Medien, um Wünsche, Ideen und Interessen der Kinder in geeigneter Form erarbeiten und realisieren zu können, z. B.:
  - ➡ Materialien für Impulse und Angebote bereitstellen,
  - ➡ Umgang mit Medien, z. B. Fotoapparat, Tablet, Computer, Beamer, Bilderbüchern,
  - ➡ die Vereinbarung eines Termins, z. B. mit dem Forstamt, um einen Waldspaziergang für die Kinder zu organisieren.

> Die Beobachtung, die Beziehung und pädagogische Haltung der Fachkraft bilden eine entscheidende Grundlage für ein gelingendes Freispiel!

[2] Vgl. Fthenakis; Textor (2000), S. 30–41.
[3] Vgl. Regel; Wieland (1993), S. 22.
[4] Vgl. Weinberg (1996), S. 3.

Aus dem Zusammenspiel der einzelnen Fähigkeiten und Fertigkeiten ergibt sich die Handlungskompetenz der Fachkraft (siehe Abbildung).

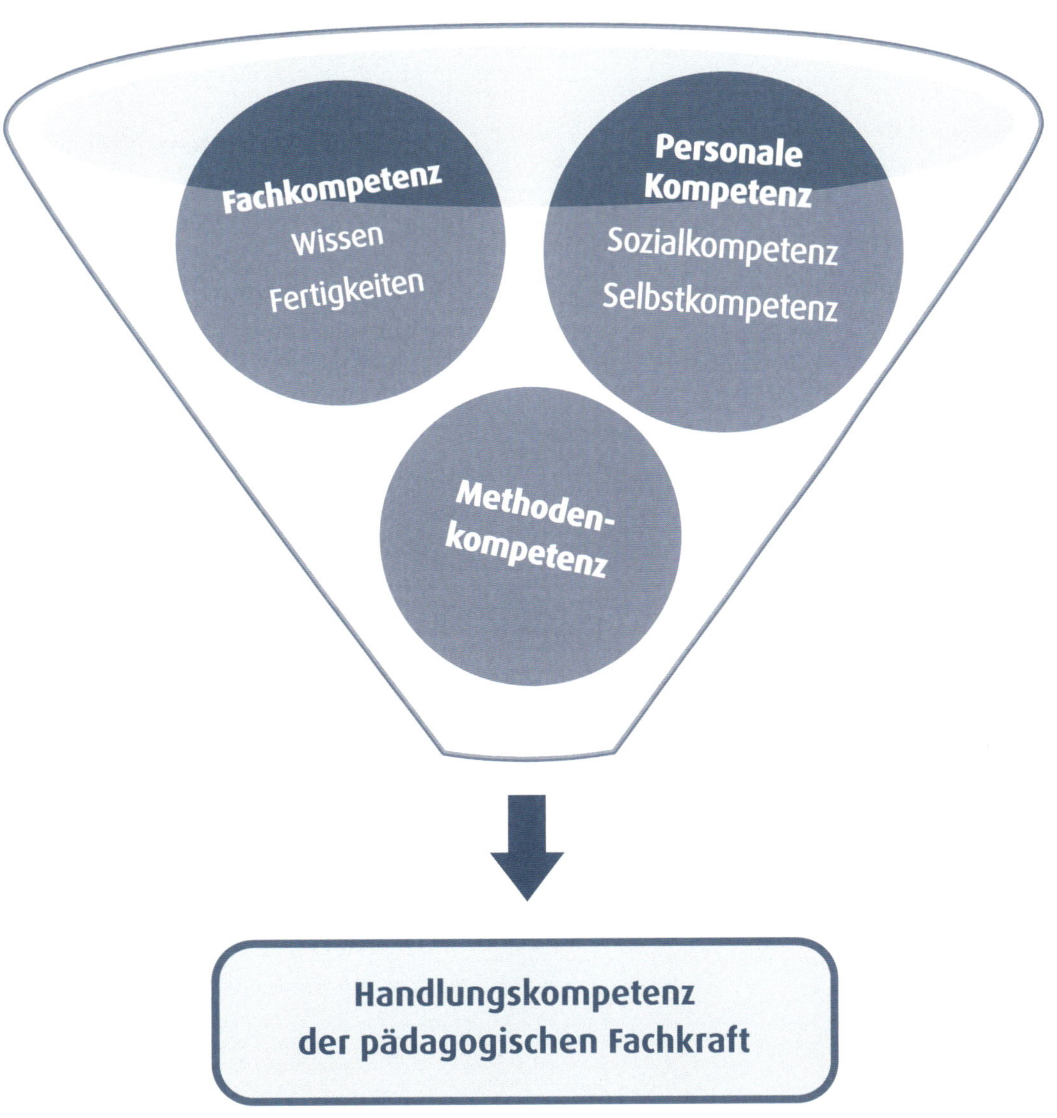

Kinder brauchen zuverlässige, einfühlsame und optimistische Erwachsene, die sowohl über Fachwissen als auch über fachliche Kompetenzen verfügen.

Das Freispiel

Freispielzeit ist Bildungszeit

Das Spiel ist die Form, in der sich Kinder die Welt aneignen und den eigenen Lernprozess gestalten. Kinder sind lernbegierig, sie wollen sich weiterentwickeln. Dies können sie am besten durch das freie Spiel, vorausgesetzt, Erwachsene wertschätzen diese Tätigkeit als Bildungszeit und schaffen dem einzelnen Kind eine anregende Umgebung, in der es sich weiterentwickeln kann.
Das Freispiel ist daher die Zeit, in der die Kinder sich selbstbestimmt ihre Tätigkeiten suchen und sich damit auseinandersetzen. Ein geeignetes Lernklima im Handlungsraum unterstützt diese Ansprüche. Dazu bedarf es Beobachtung, Planung, Vorbereitung der pädagogischen Arbeit und die unterstützende Begleitung durch die Fachkraft in der jeweiligen Entwicklungsphase der Kinder. Sie schafft bewusst offene Lernangebote und organisiert das Freispiel.

Die Aufgabe einer guten Freispielführung besteht in der Balance zwischen der Selbstbildung des einzelnen Kindes und den unterschiedlichen Entwicklungsanforderungen der Gruppe. Die Herausforderung für die Fachkraft in ihrer Freispielführung besteht also darin, den verschiedenen Bedürfnissen und Wünschen der Kinder in der freien Spielzeit gerecht zu werden.

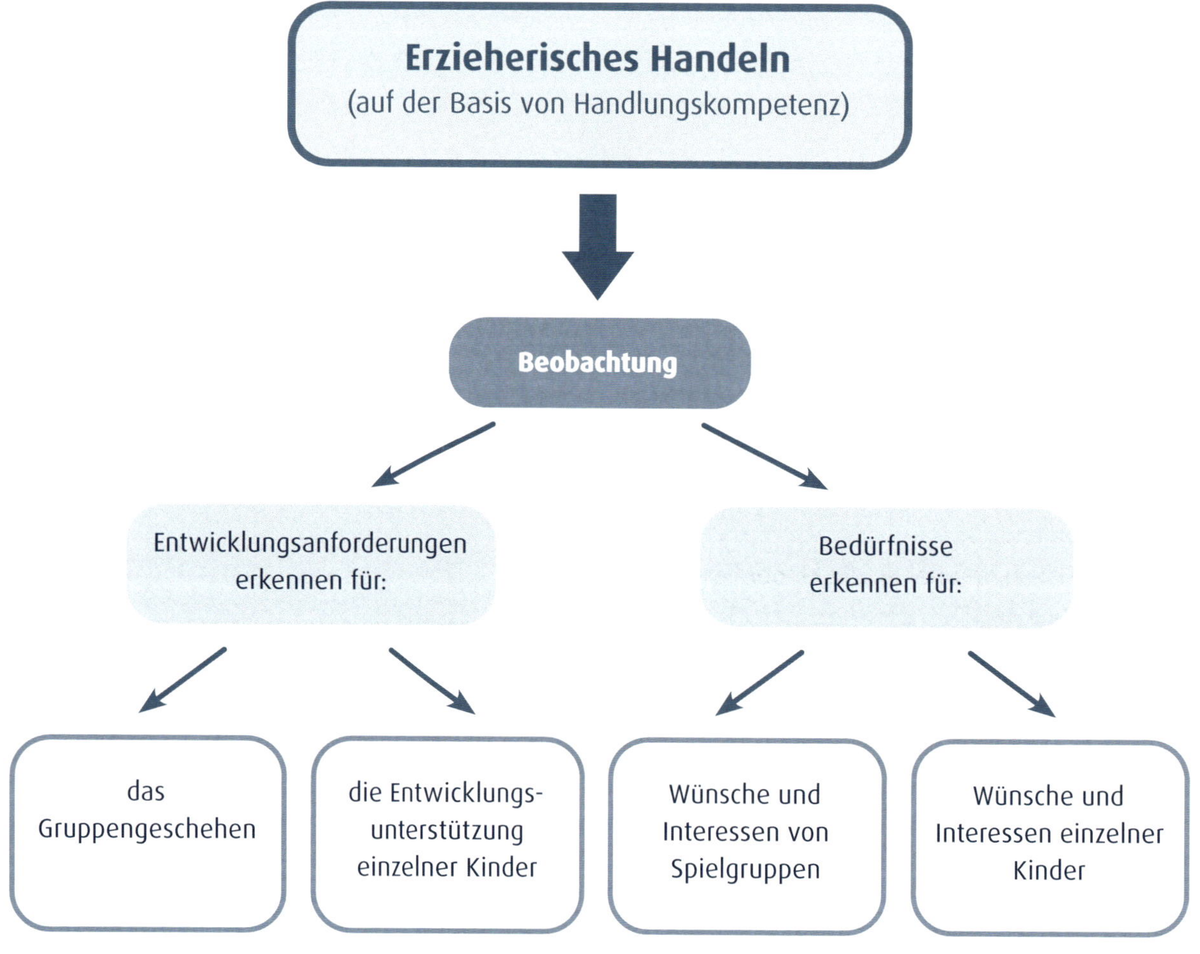

Durch genaues Beobachten erkennt die Fachkraft die Entwicklung und die individuellen Bedürfnisse des einzelnen Kindes bzw. der Spielgruppe.

Die Planung des Freispiels

Bei der Planung des Freispiels kommt es zunächst auf die Erfassung der Bedingungen an. Hier unterscheidet die Fachkraft zwischen Bedingungen,

- die in größeren Abständen zu beachten sind **(soziokulturelle Bedingungen)**, etwa die Zusammensetzung der Gruppe nach
  - ➡ ihrer Altersstruktur,
  - ➡ der kulturellen Prägung der Kinder,
  - ➡ den Lebenssituationen der Kinder,
  - ➡ den Erziehungsvorstellungen von Eltern und Fachkräften,
- die regelmäßig erfasst werden müssen, um zu erkennen, in welcher Entwicklungsphase die Kinder sich befinden **(individuelle Bedingungen)**, wie:
  - ➡ Rollen einzelner Kinder (veranschaulicht durch ein Soziogramm, siehe S. 37),
  - ➡ Phase im Gruppenprozess (Gruppenphasen, siehe S. 19),
  - ➡ Bedürfnisse einzelner Kinder (Bedürfnistheorie, siehe S. 22),
  - ➡ Gruppenklima: wo oder wie sich Kinder in der Entwicklung unterstützen oder behindern,
  - ➡ Selbstlernstrategien und Selbstlernprozesse einzelner Kinder (Lernen am Modell, Lernen durch Versuch und Irrtum, Wissbegierde ...),
  - ➡ Spielthemen, die die Kinder interessieren und mit denen sie sich beschäftigen (z. B. Spielbereiche, die vermehrt aufgesucht werden, aktuelle Spielthemen),
  - ➡ Spielmaterialien, mit denen die Kinder vorwiegend spielen.

Aus diesen Bedingungen ergeben sich folgende Fragen für die **pädagogischen Entscheidungen der Freispielplanung**:

- Was soll der Gruppe ermöglicht werden? Wo benötigt die Gruppe Unterstützung und Begleitung?
- Welche Unterstützung, Anregung und Begleitung benötigen einzelne Spielgruppen?
- Welcher Unterstützung, Anregung und Begleitung bedürfen einzelne Kinder?
- Stellen die Räume/Spielmaterialien für die Entwicklung der Kinder geeignete Bedingungen dar und schaffen so ein offenes Lernklima?

Erst die bewusste Auseinandersetzung mit den Bedingungen und Entscheidungen innerhalb des Teams kann dann dazu führen, dass das Freispiel geplant werden kann.

Das Team muss bei einer Kindergruppe immer abwägen, worauf für eine bestimmte Zeit der Fokus gerichtet wird, welches Ziel gesetzt wird oder welche Anregungen und Angebote einer Teilgruppe und einem einzelnen Kind gemacht werden.

Die Führung des Freispiels

Neben allgemeinen Aufgaben der Gruppenführung, wie

- die Kinder begrüßen,
- Gespräche mit den Kindern führen,
- die Übersicht über das Gruppengeschehen behalten,
- Konflikte und Spannungen mit Kindern lösen (Mediation, siehe S. 35),
- Kinder an das Frühstück und Toilettengänge erinnern,

nimmt die Fachkraft durch ihr bewusstes Handeln Einfluss auf das Geschehen in der Gruppe und auf das Verhalten einzelner Kinder. Die Fachkraft lädt sie zu einem **Angebot** ein, welches **direkt oder indirekt** erfolgen kann.

Das Angebot

Das Angebot ist eine angeleitete Tätigkeit oder eine gelenkte Aktivität, die von der Fachkraft für ein oder mehrere Kinder initiiert bzw. vorbereitet wird.

Angebot

Das Angebot wird unter Berücksichtigung konkreter, individueller Ziele und weiterer pädagogischer Aspekte geplant, strukturiert und reflektiert.

als direktes Angebot

Die Fachkraft

- lädt bewusst Kinder zu dieser Tätigkeit ein,
- regt das Spiel oder eine Tätigkeit aktiv an,
- führt neue oder bekannte Materialien gezielt ein und beachtet dabei folgende Phasen:
  - ➡ *Vorbereitung*
  - ➡ *Einführung*
  - ➡ *Durchführung*
  - ➡ *Ausklang*
  - ➡ *Reflexion,*
- moderiert, lenkt und steuert das Spiel oder die Tätigkeit der Kinder über den gesamten Zeitraum.

als indirektes Angebot

Durch
- ➡ *Raumgestaltung,*
- ➡ *Zeitrahmen,*
- ➡ *bewusste Materialdarbietung,*
- ➡ *Reflexion*

sollen Kinder gezielt angeregt und motiviert werden, ein Spiel oder eine Tätigkeit aufzunehmen und durchzuführen.

Die Fachkraft

- führt das Angebot ein, beobachtet und zieht sich in einem geeigneten Moment zurück, während die Kinder eigenständig weiterspielen,
- beobachtet das Geschehen aus der Entfernung,
- ist präsent, wenn die Kinder Unterstützung benötigen (Aktiv-Passiv-Sein, siehe S. 33).

Das Angebot ist offen gestaltet und kann in hohem Maße von den Kindern selbst gesteuert werden.

Beispiel für ein direktes Angebot

Bildbetrachtung: „Wald im Herbst" mit einem Erzähltheater (ein Kamishibai oder eine Spielbühne mit passender Figurenschiene)

Die Fachkraft
- bereitet das Angebot für eine Kleingruppe auf der Basis vorangegangener Beobachtungen vor und sucht die dazu benötigten Materialien heraus,
- legt zur Einführung verschiedene Herbstmaterialien unter ein Tuch und lässt sie von den Kindern ertasten,
- betrachtet mit den Kindern mithilfe eines Erzähltheaters das Bild „Wald im Herbst",
- kommt mit den Kindern in den Dialog und schiebt ergänzend verschiedene Waldtiere auf die Figurenschiene, die sich vor dem Kamishibai oder der Spielbühne befindet.

Als Ausklang spielt die Kindergruppe ein Fingerspiel, passend zum Thema „Wald im Herbst".

Beispiel für ein indirektes Angebot

Bereitstellen eines Erzähltheaters (eines Kamishibais oder einer Spielbühne mit passender Figurenschiene) und des Bildes „Wald im Herbst", ergänzt durch passende Tierfiguren für die Schiene

Die Fachkraft
- bereitet das Angebot auf der Basis vorangegangener Beobachtungen vor, plant einen ungefähren Zeitrahmen in der Freispielzeit dafür ein und sucht die dazu benötigten Materialien heraus,
- dekoriert in einem ruhigeren Bereich des Raumes einladend das Erzähltheater mit dem Bild „Wald im Herbst", schiebt die passenden Tierfiguren in die Figurenschiene und setzt alles auf ein farblich abgestimmtes Tuch,
- spricht gezielt Kinder an und macht sie auf die vorbereitete Spielsituation aufmerksam, z. B.: „Oh, Hannah, schau mal, dort sind ja ganz viele Waldtiere!",
- regt das Spiel an, zieht sich langsam zurück und beobachtet, wie das Spielarrangement von den Kindern angenommen wird,
- steht für Fragen oder Hilfestellung zur Verfügung, zieht sich aber auch immer wieder zurück, wenn Kinder gemeinsam mit dem Erzähltheater und der Figurenschiene spielen möchten und untereinander in Kommunikation treten.

> Die Fachkraft beobachtet weiterhin das Geschehen, um bei Bedarf zur Verfügung zu stehen. Im Anschluss reflektiert sie das direkte Angebot.

Der Spielimpuls

Ziel einer Spielbegleitung ist die Unterstützung des Kindes dabei, aus eigener Kraft eine Spielinitiative zu entwickeln oder zu verfolgen. Die Fachkraft erkennt Entwicklungsbotschaften der Kinder und gibt ihnen Impulse, eigene Ideen zu entwickeln und diese aus sich heraus umzusetzen.

> Zu viele Vorschläge, Anregungen und Hinweise lassen das Kind passiv werden. Es wird dann weiterhin darauf angewiesen sein, dass Erwachsene sein Spiel organisieren.

Ein Spielimpuls ist als Anregung oder Anstoß für das Kind oder für die Spielgruppe zu verstehen, denn dadurch kann eine Spieltätigkeit begonnen oder auch weitergeführt bzw. verändert werden.
Der Impuls wird aus der Beobachtung abgeleitet und richtet sich ganz direkt an das einzelne Kind oder an die kleine Gruppe. Dabei ist immer zu unterscheiden, ob dieser Spielimpuls **direkt/aktiv** (mit Einflussnahme der Fachkraft) geschieht oder ob er **indirekt/passiv** (ohne Einflussnahme der Fachkraft, nur durch die vorbereitete Umgebung) gesetzt wird.

Bei der **direkten Spielbegleitung** bietet sich die Fachkraft als aktive Impulsgeberin des Kindes oder der Spielgruppe an, wobei sie das Spielinteresse und die sozialen

Kompetenzen der Kinder berücksichtigt. Sie sorgt für eine geeignete Umgebung, berücksichtigt den Aufforderungscharakter des Materials und macht die Kinder auf den Impuls aufmerksam. Sie verweilt aber nur so lange, bis die Kinder in das Spiel gefunden haben.

Bei der **indirekten Spielbegleitung** setzt die Fachkraft einen passiven Spielimpuls durch die Vorbereitung des Raumes, eines Spielarrangements und/oder durch das Bereitstellen von Materialien. Durch diese vorbereitete Umgebung regt sie das Kind zur eigenständigen Aufnahme eines Spiels oder einer Tätigkeit an, ohne selbst aktiv zu werden. Ihre Begleitung findet hier nur beobachtend statt und ist ein wichtiges Element in der Planung und Strukturierung ihrer Freispielführung. Durch dieses selbstständige Agieren der Kinder kann sie während dieser freien Spielzeit Bedürfnissen anderer Kinder nachkommen.

Spielimpuls

Durch
- *die Vorbereitung eines Spielraumes,*
- *die Vorbereitung eines Spielarrangements,*
- *das Bereitstellen von Materialien (vorbereitete Umgebung)*

regt die Fachkraft zur Aufnahme eines Spiels an.

aktive Begleitung

Direkter Impuls

Die Fachkraft
- regt das Spiel oder eine Tätigkeit aktiv an,
- führt neue oder bekannte Materialien ein,
- begleitet das Spiel oder die Tätigkeit des Kindes für einen beschränkten Zeitraum und
- zieht sich in einem geeigneten Moment zurück, sodass die Kinder das Spiel bzw. die Tätigkeit allein weiterführen können.

passive Begleitung

Indirekter Impuls

Durch
- ➡ die Raumgestaltung,
- ➡ den Zeitrahmen und
- ➡ die bewusste Materialdarbietung

sollen die Kinder angeregt und motiviert werden, eigenständig ein Spiel oder eine Tätigkeit aufzunehmen.

Gegenüberstellung eines direkten und eines indirekten Spielimpulses am Beispiel „Naturmaterial Kastanien“

Die Fachkraft bereitet auf der Basis vorangegangener Beobachtungen den Impuls für eine Kindergruppe vor und sucht die dazu benötigten Materialien selbst oder gemeinsam mit den Kindern.

> Die Fachkraft beobachtet weiterhin das Geschehen, um bei Bedarf zur Verfügung zu stehen. Im Anschluss reflektiert sie den direkten/indirekten Impuls.

Ausgangspunkt für die Entscheidung des methodischen Vorgehens der Fachkraft ist die pädagogische Intention für das Kind bzw. für die Kinder.

> Erst durch das **Greifen** kann das Kind etwas „Be-greifen“ und hat dadurch etwas **begriffen**, etwas gelernt – eine einfache Formel des Erfahrungslernens!

Direkter Impuls

Die Fachkraft

- legt vorbereitend oder gemeinsam mit der Kindergruppe die Kastanien einladend in ein Körbchen und stellt dieses auf ein ausgelegtes Tuch im Konstruktionsbereich der Gruppe,
- legt ergänzend kleine Schaufeln und verschiedene Schüsseln auf das Tuch,
- setzt sich mit der ausgesuchten Kindergruppe um das Körbchen und betrachtet, berührt und untersucht die Kastanien gemeinsam mit den Kindern,
- entwickelt im Gespräch mit den Kindern Ideen zur Nutzung des Materials, die ausprobiert werden: Die Kastanien werden in die bereitgestellten Schüsseln geschüttet oder mit den Schaufeln hineingelegt, sortiert, zu einer Reihe gelegt etc.,
- zieht sich danach in einem geeigneten Moment zurück, um den Kindern Raum und Zeit zu geben, das Material weiterhin selbstständig zu erkunden und ihre Ideen zu verwirklichen.

Indirekter Impuls

Die Fachkraft

- schüttet die Kastanien in einen Korb und stellt diesen auf einen Teppich im Konstruktionsbereich der Gruppe,
- wartet ab, ob die Kinder dieses Angebot annehmen, motiviert aber nicht von sich aus. Interessierte Kinder können sich bei den Kastanien und Spielmöglichkeiten einfinden,
- beobachtet, wie der Kastanienkorb angenommen wird,
- steht zwar grundsätzlich für Fragen oder Hilfestellung zur Verfügung, lässt die Kinder aber weitestgehend selbstständig mit dem Material experimentieren, Ideen ausprobieren oder Kastanien mit anderen taktilen oder auch Schütt-Materialien kombinieren.

Zusammenfassend lässt sich sagen, dass sowohl Angebote als auch Impulse für Kinder zielorientiert geplant und vorbereitet werden. Beide können direkt und indirekt konzipiert werden. Sie unterscheiden sich jedoch wie folgt:

	Angebot	Impuls
direkt	Die Fachkraft organisiert und leitet die gesamte Aktivität vom Einstieg über die Durchführung bis zum Abschluss.	Die Fachkraft macht Kinder auf das Spielarrangement aufmerksam, sodass sie ohne weitere Unterstützung tätig werden können.
indirekt	Die Fachkraft regt die Kinder zur Aufnahme der Aktivität an, zieht sich langsam zurück und agiert nur noch unterstützend.	Die Fachkraft schafft durch eine anregende Raumvorbereitung oder durch eine gezielte Materialdarbietung entsprechende Bedingungen für die Kinder und motiviert sie so indirekt zur Aufnahme einer Spieltätigkeit.

Die Gruppenphasen

Hinweis:
Die Gruppenphasen sind auch für unsere Fallbeispiele (ab S. 39) von grundlegender Bedeutung. Sie erkennen die Gruppenphasen an der Farbe Grün und an folgendem Icon:

Saul **Bernstein** und Louis **Lowy** sind die Begründer des Phasenmodells der Gruppenentwicklung. Sie beschreiben die **Gruppendynamik** als das Miteinander verschiedener Menschen mit unterschiedlichen Eigenschaften und Fähigkeiten.

Diese Gruppenentwicklung wird in fünf Phasen unterteilt[5]:

1. Fremdheitsphase oder Orientierungsphase
2. Machtkampfphase oder Kontrollphase
3. Vertrautheitsphase oder Wir-Phase
4. Differenzierungsphase
5. Abschlussphase oder Trennungsphase

In den folgenden Schaubildern zu jeder einzelnen Phase lassen sich **typische Merkmale** herausfiltern, die eine gute Orientierung für **günstiges und ungünstiges pädagogisches Verhalten** der Fachkraft aufzeigen.

Die Fremdheitsphase oder Orientierungsphase

Typische Merkmale	Günstig wirkendes Verhalten der Fachkraft	Ungünstig wirkendes Verhalten der Fachkraft
• Unsicherheit • Orientierungswunsch • Schüchternheit • Neugierde, Wunsch nach Nähe und Distanz	klare Strukturen zur Orientierung geben	sofort Gruppenarbeit anbieten
	Unterstützung beim Kennenlernen geben	Gruppe nicht im Blick haben
	Bedürfnis nach Nähe und Schutz befriedigen	sich zu viel mit einem Kind beschäftigen
	Geduld zeigen	keine Nähe zulassen
	Spielraum geben	
	Selbstbewusstsein stärken	

[5] Vgl. Bernstein; Lowy (1982), S. 53 ff.

Die Machtkampfphase oder Kontrollphase

Typische Merkmale	Günstig wirkendes Verhalten der Fachkraft	Ungünstig wirkendes Verhalten der Fachkraft
• Rollensuche • Austesten eigener Möglichkeiten • Machtkämpfe zwischen Kindern und Leitung • Wunsch nach Anerkennung durch Gruppenleitung	Grenzen setzen	sich zurücksetzen
	Konsequenzen verdeutlichen	Schwachen keinen Schutz geben
	auf Außenseiterrollen achten und auffangen	aggressives Verhalten persönlich nehmen
	Vorbildfunktion erfüllen	Machtkämpfe ungeklärt lassen
	Vermittlerin sein	Gruppenregeln ohne Kinder erstellen
	impulsive Kinder auffangen und „bremsen", ruhige Kinder ermutigen	

Die Vertrautheitsphase oder Wir-Phase

Typische Merkmale	Günstig wirkendes Verhalten der Fachkraft	Ungünstig wirkendes Verhalten der Fachkraft
• Rollen haben sich gefunden • Akzeptanz und Wertschätzung • Abgrenzung von anderen Gruppen, „Wir-Gefühl" entsteht • weniger Konflikte in der Gruppe • Verabredungen untereinander • Entstehung gruppeneigener Normen	Fachkraft nimmt sich bewusst aus dem Mittelpunkt	dominantes Verhalten in der Gruppenführung
	Kompetenzen stärken	kein Interesse an der Entwicklung der Gruppe zeigen
	Themen der Gruppe wahrnehmen	Gruppenverhalten nicht reflektieren
	Freiräume für Gemeinschaftsaktivitäten schaffen	eigene Vorstellungen ohne Beteiligung der Gruppe durchsetzen
	Konflikte stärker beobachten/nicht sofort lösen	

Die Differenzierungshase

Typische Merkmale	Günstig wirkendes Verhalten der Fachkraft	Ungünstig wirkendes Verhalten der Fachkraft
• Gruppe ist stabil • Konflikte werden gelöst • gegenseitige Unterstützung • Unterschiedlichkeit der Gruppenmitglieder wird akzeptiert • individuelles Verhalten möglich • Rollenflexibilität • neues Verhalten wird ausprobiert	Zurückziehen der Fachkraft und Beobachten	weiterhin die Gruppe kontrollieren
	verstärkt Kompetenzen fördern	nichts an die Gruppe abgeben
	Impulse zur „Selbsthilfe" geben	Gruppenaktivitäten nicht wahrnehmen
	Aufbau von Beziehungen zu anderen Gruppen unterstützen	immer noch sehr mit einzelnen Kindern beschäftigt sein
		Gruppenbeziehungen nicht einschätzen und stärken können

Die Abschlussphase oder Trennungsphase

Typische Merkmale	Günstig wirkendes Verhalten der Fachkraft	Ungünstig wirkendes Verhalten der Fachkraft
• Rückfall in frühere Verhaltensweisen • Vorfreude auf nächsten Lebensabschnitt • Abschiedsschmerz • veränderte Interessen	Abschied rechtzeitig ankündigen	keinen Ablöseprozess zulassen (abhängig machen, neue Themen beginnen)
	Möglichkeiten zur Rückschau schaffen	Zukunftsängste der Kinder verstärken
	keine neuen Projekte beginnen	verändertes Verhalten der Kinder persönlich nehmen
	positiv in die Zukunft schauen	Kinder nicht in ihrer Selbstständigkeit unterstützen
	Kontakt zur nächsten Gruppe herstellen, z. B. Schule	

Die Bedürfnistheorie

Hinweis:
Die Bedürfnistheorie ist auch für unsere Fallbeispiele (ab S. 39) von grundlegender Bedeutung. Sie erkennen die Bedürfnistheorie an der Farbe Orange und an folgendem Icon:

Im Folgenden wird die Bedürfnistheorie, kurz zusammengefasst, vorgestellt. In der Analyse der Fallbeispiele (ab S. 43) zu den jeweiligen Situationsbeschreibungen erfolgt direkt die Zuordnung zu den einzelnen Stufen der Bedürfnishierarchie.

Die Grundbedürfnisse und ihre Bedeutung für die Entwicklung des Kindes

Die pädagogische Arbeit mit den Kindern sollte immer von deren Bedürfnissen und konkreter Lebenswelt geleitet werden. Es ist das Ziel allen pädagogischen Handelns, das Kind zu befähigen, seine gegenwärtige und zukünftige Lebenssituation zu bewältigen.

Das Wissen um die Vielzahl von Bedürfnissen soll den pädagogisch Tätigen helfen, Kinder in ihren Anliegen besser zu verstehen. Das kindliche Verhalten und die zugrunde liegende Motivation müssen nachvollziehbar sein, um Kinder in ihrer Entwicklung unterstützen und begleiten zu können.
Der US-amerikanische Psychologe **Abraham Maslow** untersuchte, was uns Menschen motiviert und was uns antreibt. Diese Bedürfnisse stellt er in Pyramidenform dar und teilt sie in Mangel- und Wachstumsbedürfnisse ein.

Die Bedürfnisse im Überblick

Mangelbedürfnisse

Physiologische Bedürfnisse (Grund- und Existenzbedürfnisse)
Physiologische Bedürfnisse bilden die unterste Ebene der Bedürfnispyramide nach Maslow. Sie werden auch als Grund- und Existenzbedürfnisse bezeichnet und meinen Phänomene wie Hunger, Durst oder Schlaf. Diese müssen zuerst gestillt sein, bevor andere Bedürfnisse in den Fokus rücken können.

Sicherheit
Auf der zweiten Ebene führt Maslow die Sicherheitsbedürfnisse an. Damit ist in erster Linie die körperliche Sicherheit gemeint, also die Tatsache, dass das Kind vor dem Erleben von Furcht, Angst und Chaos geschützt wird, etwa durch das Vorhandensein einer sicheren Wohnung.

Zugehörigkeit und Liebe
Der Mensch strebt danach, von anderen Menschen akzeptiert, anerkannt und geliebt zu werden. Ein geliebtes Kind entwickelt ein stabiles Selbstwertgefühl. Dieses Selbstvertrauen und das Vertrauen Bezugspersonen gegenüber zählen zu den sozialen Bedürfnissen, die entscheidend für die gesamte Persönlichkeitsentwicklung des Kindes sind. Es möchte Zugehörigkeit zu einer Gruppe, zu einer Gemeinschaft erleben.

Wertschätzung
Das Bedürfnis nach Wertschätzung ist der Wunsch nach Stärke, Leistung, Bewältigung und Kompetenz, nach Vertrauen der Welt gegenüber, nach Unabhängigkeit und Freiheit, das Verlangen nach Prestige, Status, Ruhm, Dominanz, Bedeutung und Würde. Durch die Anerkennung und Akzeptanz Erwachsener (und damit ist nicht das Loben gemeint!) bekommt das Kind das Gefühl, selbst wertvoll und somit fraglos angenommen zu sein. Hierbei ist nonverbales Verhalten (Gestik/Mimik) von ebenso großer Bedeutung wie verbales (Sprache).

Wachstumsbedürfnisse

Selbstverwirklichung
Um das Streben nach Selbstständigkeit und Unabhängigkeit zu befriedigen, sollte Eigeninitiative in kindgemäßen Interessensbereichen ermöglicht und gefördert werden. Das Kind verlangt mit zunehmender Selbstständigkeit und Selbstbewusstsein nach mehr räumlicher Bewegungsfreiheit und nach Selbstbestimmung.

Neue Erfahrungen
Neue Erfahrungen sind eine Voraussetzung für geistiges Wachstum und somit grundlegend für die Entwicklung des Denkens. Das Kind hat von klein an das Bedürfnis, seine Umwelt unter Einsatz aller Sinne zu erforschen. Die meisten Erfahrungen und Lernfortschritte macht es im Spiel, wo es sich auch die Beherrschung seines Körpers aneignet.

Spiritualität
Jeder Mensch sucht in der Spiritualität nach dem Sinn des Lebens. Kinder fragen hier vorwiegend danach, was nach dem Tod passiert. Oft hilft es, das Kind zu fragen, was es darüber denkt. Kinder haben durchaus Vorstellungen davon, wie es nach dem Tod sein wird.

Für das Thema „Spiel" stellt die Bedürfnispyramide eine wichtige Grundlage dar. Nur wenn die Bedürfnisse der Kinder gestillt sind, können sie sich voll und ganz auf das Spiel einlassen und **unbeschwert, frei und selbstbestimmt** ihre Welt entdecken.

Die Dimensionen des Spiels

Die Spielentwicklung des Kindes

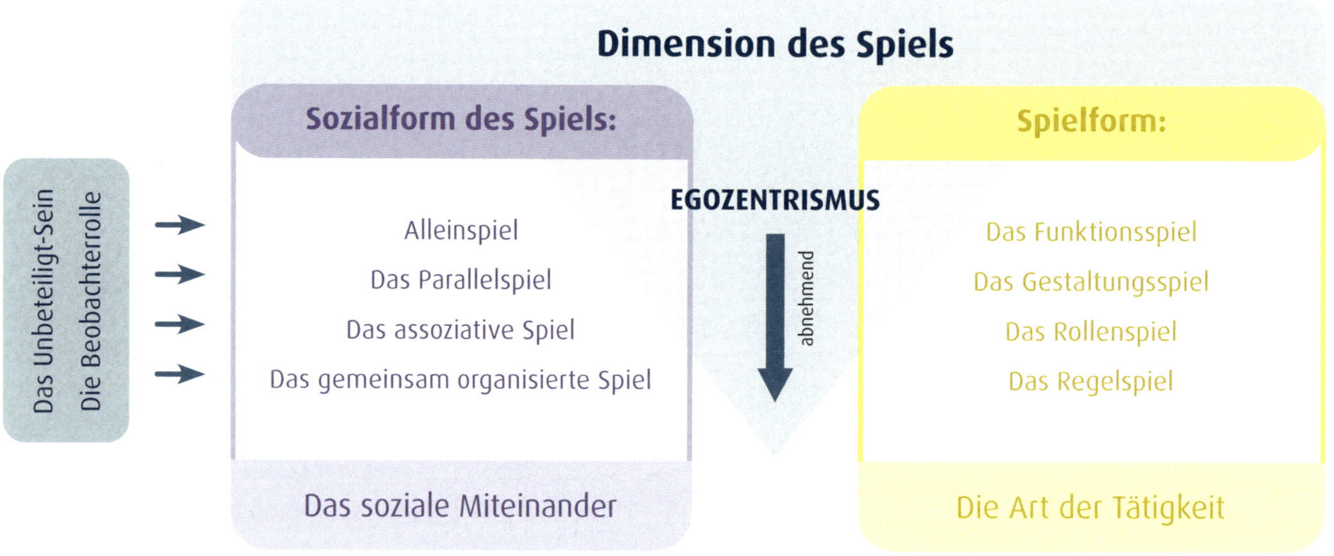

Die **Sozialform des Spiels** und die **Spielform** prägen das Spielgeschehen – beide sind untrennbar miteinander verbunden. Die Spielenden können jedoch bei den Spielformen unterschiedliche Sozialformen wählen, je nach individuellem Entwicklungsstand oder entsprechend den Anforderungen der Spielform.

Die pädagogische Fachkraft muss erkennen, welche Spielform und welche Sozialform des Spiels die Kinder gewählt haben, um entsprechend darauf reagieren zu können, denn beides hat Einfluss auf die Zielsetzung der Spielbegleitung und der Spiel- und Materialangebote.

Im Folgenden werden die einzelnen Kategorien zu den jeweiligen Sozialformen des Spiels als tabellarischer Überblick zusammenfassend beschrieben. Dabei werden mögliche Gründe für kindliches Verhalten genannt, hilfreiche erzieherische Reaktionen und unterstützende Möglichkeiten durch eine bewusste Raumgestaltung aufgezeigt.

Die angeführten Gründe und Konsequenzen für das erzieherische Verhalten sind hier jedoch nur als Denkanstöße zu verstehen. Erst die Beobachtung der Kinder, gekoppelt mit Fachwissen, lässt pädagogische Fachkräfte kompetent handeln.

Die Sozialformen des Spiels

Hinweis:
Die Sozialform des Spiels ist auch für unsere Fallbeispiele (ab S. 39) von grundlegender Bedeutung. Sie erkennen die Sozialform an der Farbe Violett und an folgendem Icon:

Das Unbeteiligt-Sein
Das Kind nimmt keinen Kontakt zu seiner Umgebung auf und zeigt kein erkennbares Interesse an seiner Umgebung und den Geschehnissen.

Mögliche Gründe für kindliches Verhalten	Erzieherisches Verhalten	Raumgestaltung
• Erholung • Suche nach Entspannung • Probleme/Schwierigkeiten	• Situation beobachten • sich dem Kind in erzieherischer Zurückhaltung nähern, zulächeln, es ansprechen • Kontaktaufnahme („Ah, ich sehe, du schaust ...!") • stärkenorientierte Angebote, Motivation • auf Rückzugsmöglichkeiten verweisen	Rückzugsmöglichkeiten einrichten/ bereithalten (gemütlicher Sessel, Sitzschaukel, Sofa ...)

Die Beobachterrolle
Das Kind schaut einer Spielsituation interessiert zu. Es verfolgt das Geschehen, ohne jedoch selbst im Spiel aktiv zu werden. Manchmal gibt das Kind der beobachteten Spielgruppe verbale Anregungen.

Mögliche Gründe für kindliches Verhalten	Erzieherisches Verhalten	Raumgestaltung
• das Kind befindet sich in der Orientierungsphase • es sucht Entspannung • es will sich Anregung holen • es zeigt kein Interesse mehr am Spiel • fehlende Mitspielende • Unsicherheit	• Verhalten respektieren • Zeit geben • Erforschen der Beweggründe • Interesse aufgreifen (verbal, nonverbal) • Impulse setzen • sich als Mitspielende anbieten	keine Besonderheit

Das Alleinspiel

Die erste „Sozialform", die das Kind aufnimmt, ist das Alleinspiel. Es spielt in dieser Phase allein und nimmt keinen aktiven Kontakt zu Mitspielenden auf. Teilweise beobachtet es das Spiel anderer Kinder, beteiligt sich jedoch nicht aktiv daran.

Mögliche Gründe für kindliches Verhalten	Erzieherisches Verhalten	Raumgestaltung
• in Ruhe etwas erforschen wollen • keine Mitspielenden • sich nicht mit anderen auseinandersetzen wollen • ausgeprägter EGOZENTRISMUS!	• respektieren und akzeptieren • Erforschen der Beweggründe • Parallelspiel aufnehmen • Mitspielende vermitteln	• viel Material von einer Sorte • beliebtes Material möglichst mehrfach vorhanden (Puppen, Puppenwagen, Autos etc.) • Spiele, die das Alleinspiel ermöglichen • Rückzugsmöglichkeiten schaffen

Das Parallelspiel

Zwei oder mehr Kinder (je nach Alter) schließen sich bewusst zusammen und wählen einander direkt für das gemeinsame Spiel aus. Es ist für sie wichtig, dass eine erwachsene Person anwesend ist und ihnen durch ihre Nähe Sicherheit vermittelt. Die Kinder schauen sich bei ihrer Aktivität zu, wählen dabei die gleichen oder auch unterschiedliche Materialien für ihr Spiel, nehmen gegenseitig Anregungen auf und entwickeln auch eigenständige Ideen. So halten sie den Kontakt zueinander aufrecht. Für die eigene Spieltätigkeit hat die mitspielende Person primär keine Bedeutung, denn es findet keine wirkliche Kooperation statt.

Mögliche Gründe für kindliches Verhalten	Erzieherisches Verhalten	Raumgestaltung
• Freundschaften werden gepflegt • abnehmender EGOZENTRISMUS!	• respektieren und akzeptieren • Erforschen der Beweggründe • parallel mitspielen • Mitspielende vermitteln • zulassen, dass Kinder unterschiedliche Spiele in den Bereichen spielen	siehe Alleinspiel

Das assoziative Spiel

Die kooperativen Kontakte der Kinder untereinander nehmen nun zu. Die Kinder beschäftigen sich mit denselben Materialien und beziehen sich gegenseitig in ihr Spiel ein. Es erfolgt ein wechselseitiges Geben und Nehmen sowie ein Austausch über die Tätigkeit. Vorwiegend beschäftigen sich die Kinder jedoch mit ihrem eigenen Spiel. Für kurze Phasen kommt es zur Kooperation.

Mögliche Gründe für kindliches Verhalten	Erzieherisches Verhalten	Raumgestaltung
• die Bedeutung der Mitspielenden nimmt zu • die soziale Kompetenz entwickelt sich • der EGOZENTRISMUS nimmt weiter ab	• respektieren und akzeptieren • Erforschen der Beweggründe • Hilfe zu Kooperationen geben • Unterstützung bei Konflikten • zulassen, dass Spielgruppen sich abgrenzen	Abtrennungsmöglichkeiten oder eine Erweiterung des Spielbereiches anbieten

Das gemeinsame, organisierte Spiel

Erst in dieser Phase der Spielentwicklung können die Kinder wirklich ohne Mithilfe Erwachsener miteinander kooperieren, kommunizieren und aufeinander eingehen. Jetzt ist das Spiel miteinander möglich. Die Kinder entwickeln gemeinsame Spielideen, treffen Absprachen über den Spielinhalt und den Spielverlauf. Es ist ein hohes Maß an Kooperation und Kommunikation der Kinder untereinander zu beobachten.

Befinden Kinder sich in dieser Entwicklungsstufe, sind sie in der Lage, Regelspiele, wie Brett-, Karten- oder Kreisspiele, zu bewältigen oder an gelenkten Rollenspielen teilzunehmen. Kinder, die bereits die letzte Sozial- oder Spielform erreicht haben, können je nach Situation und eigenem Bedürfnis immer wieder auch vorige Sozial- und Spielformen nutzen.

Für die Impulssetzung im Freispiel sind diese theoretischen Informationen sehr wichtig. Ein Kind, welches sich ausschließlich im Alleinspiel befindet, wird einen Spielimpuls, bei dem Kooperation gefragt ist, nicht annehmen. Deshalb ist es wichtig, die Kinder zu beobachten und Spiel- und Sozialformen zu kennen, um ein kindgerechtes „Freispiel" zu ermöglichen.

Mögliche Gründe für kindliches Verhalten	Erzieherisches Verhalten	Raumgestaltung
• feste Freundschaften • abnehmender EGOZENTRISMUS!	• respektieren und akzeptieren • Erforschen der Beweggründe, Freiheiten einräumen • Unterstützung bei Konflikten, d. h. Anregungen geben, um Konflikte und Spannungen allein zu lösen • Schutz vor Störungen durch andere Kinder	geschützte Spielräume ermöglichen

Die Spielformen

Das Spiel wird – neben der Sozialform – auch nach seiner Struktur und seinen Spielinhalten differenziert.
Die Spielentwicklung des Kindes folgt keiner vorgegebenen Spielhierarchie, sondern ist Ausdruck von dessen individueller Entscheidung. Beeinflusst werden können diese jedoch durch die Begleitung Erwachsener, durch das angebotene Material und durch Außenimpulse, besonders im Freispiel.
Bei den Spielformen wird unterschieden nach Funktionsspielen, Gestaltungs- oder Konstruktionsspielen, Rollenspielen und Regelspielen.

Hinweis:
Die Spielform ist auch für unsere Fallbeispiele (ab S. 39) von grundlegender Bedeutung.
Sie erkennen die Spielform an der Farbe Gelb und an folgendem Icon:

Das Funktionsspiel

Die Funktionsspiele, auch Bewegungsspiele oder sensomotorische Spiele genannt, bereiten dem Kind Entspannung sowie Freude und tragen zunächst auch wesentlich zur Übung der Körperfunktionen bei. Im Laufe der Entwicklung werden die Handlungsabläufe immer vielfältiger und komplexer.
Das Kind erwirbt dabei wichtige **sensomotorische Fähigkeiten** und **Grunderfahrungen**, die später für die Gestaltungsspiele und andere zielgerichtete Tätigkeiten von Bedeutung sind.

Das Funktionsspiel wird immer wieder vom Kind aufgenommen, wenn es sich mit neuen oder neuartigen Dingen auseinandersetzt.

Bedeutung	Erzieherisches Verhalten	Raumgestaltung/ Spielobjekte
Das Kind • hat Spaß und Freude an der Bewegung bzw. der Tätigkeit, • übt seine Körperfunktionen, • erwirbt sensomotorische Fähigkeiten (greifen, fühlen), • macht Grunderfahrungen ➡ mit dem eigenen Körper, ➡ mit Dingen der Umwelt, ➡ mit Spielmaterialien, • entwickelt und erweitert seine Sprache.	**Die Fachkraft** • nimmt das Befinden, die Stimmung des Kindes wahr, • beobachtet es in seiner Tätigkeit, seinen Interessen und Spielthemen, • benennt die Gegenstände, die das Kind greift, bewusst (sprachunterstützendes Handeln), • setzt Impulse (direkt/indirekt), • ist aktiv/passiv.	Eine positive Atmosphäre ist die Voraussetzung zum Spiel: • überschaubare Spielbereiche • genügend Spielmaterial von einer Sorte, z. B. Bausteine in ausreichender Menge, Stifte zum Malen, Modelliermasse etc. • Spielmaterial zum Bewegen, z. B. Bälle, Rutschauto, Schaukeln etc.

Das Gestaltungs- oder Konstruktionsspiel
Beim Gestaltungs- oder Konstruktionsspiel werden Materialien verwendet, die sich verändern lassen (umgestalten, neu kombinieren ...), um damit etwas Neues zu erstellen. Die Ergebnisse können längere Zeit aufbewahrt, immer wieder vom Kind betrachtet oder in andere Spielformen, wie das Rollenspiel, eingebunden werden.

Innerhalb des Gestaltungsspiels gibt es unterschiedliche Stufen, die mit der Entwicklung des Kindes einhergehen. Wir sprechen daher von den „Stufen der Werkreife".

Bedeutung	Erzieherisches Verhalten	Raumgestaltung/ Spielobjekte
Das Kind • entwickelt motorische Fähigkeiten: ➡ übt ungeplant fein- und grobmotorische Fähigkeiten, • entwickelt kognitive Fähigkeiten: ➡ nutzt die Materialien spezifisch, z. B. Stifte zum Malen, ➡ benennt nachträglich sein Tun, z. B. beim Bauen, Malen, Gestalten	**Die Fachkraft** • beobachtet es in seiner Tätigkeit, seinen Interessen und Spielthemen, • macht sich die Entwicklung des Kindes bewusst und kennt: ➡ die Entwicklungsbereiche (motorisch, kognitiv, sozial, emotional), ➡ die Bedürfnistheorie (nach Maslow), ➡ Gruppenphasen (nach Bernstein/Lowy)	Die Kinder benötigen Raum und Platz zum Erproben der Materialien. Es sind vorwiegend Materialien vorhanden, die sich verändern und umgestalten lassen: • formbare Materialien, z. B. Sand, Modelliermasse etc. • Bausteine, z. B. Holz, Plastik etc. • Legematerialien, z. B. Muggelsteine, Knöpfe, Stäbchen etc. • Stifte und Papier (großformatig)

➡ entwickelt Fantasie und Ideen im Spiel, • entwickelt seine Emotionalität: ➡ hat Freude am Gestalten, ➡ stärkt dadurch sein Selbstbewusstsein, ➡ verarbeitet Erlebnisse und Erfahrungen, ➡ gewinnt neue Erkenntnisse, z. B. im Umgang mit verschiedenen Materialien, • entwickelt soziale Kompetenzen: ➡ bezieht Mitspielende ein, ➡ übt Kooperation mit Mitspielenden, z. B. muss es Absprachen und Konflikte bewältigen etc.	• kennt die Stärken und Vorlieben des Kindes, • plant Angebote (direkt/indirekt), • setzt Impulse (direkt/indirekt), • ist aktiv/passiv, • schafft Erinnerungen für die Entwicklung des Kindes, z. B. Lerngeschichten, Bildungsdokumentationsmappe etc., • dokumentiert und reflektiert ihre Beobachtungen.	• Wolle zum Gestalten und Fädeln etc. • Dosen, Papprollen, Kartons etc.

Das Rollenspiel

Merkmale des Rollenspiels sind:

- Als-ob-Handlungen, z. B. die Umdeutung von Gegenständen und Personen im Zusammenhang mit einer Spielhandlung („Ich wünschte, du würdest jetzt …"),
- eine willkürliche Symbolsetzung, z. B. erhalten Gegenstände und Materialien eine neue Funktion und Bedeutung (eine Kiste wird zum Auto, ein Holzklotz zum Handy etc.),
- eine Verlebendigung von Leblosem, z. B. werden Gegenstände beseelt (eine Holzfigur wird zum Autofahrer, eine Puppe zum Kind etc.),
- ein Perspektivenwechsel, z. B. kommunizieren die Kinder über ihr Spiel („Du wärst mal der Hund und der würde …" etc.).

> Die Bedeutung des Rollenspiels liegt im Tun selbst und in der Identifizierung mit der Rolle in der Spielhandlung.

Bedeutung	Erzieherisches Verhalten	Raumgestaltung/ Spielobjekte
Das Rollenspiel fördert • das Sozialverhalten, z. B. in der Kontaktfähigkeit, Akzeptanz, Toleranz der Rollen, regt die Interaktion an, unterstützt kooperatives Verhalten, • die Sprachfähigkeit, z. B. Selbstgespräche, Gespräche mit imaginären Personen, Absprachen treffen, Erweiterung des Wortschatzes, • die kognitive Entwicklung, z. B. Erfahrungen verarbeiten, Kausalzusammenhänge erkennen, Identifikation mit der Rolle, Organisation der Spielinhalte etc., • die emotionale Entwicklung, z. B. eigene Gefühle ausdrücken, Ängste und Hemmungen abbauen, Einfühlungsvermögen in andere Mitspielende entwickeln, • die motorische Entwicklung, z. B. sachgemäße Handhabung der Materialien (Kämmen und Flechten der Haare, Anziehen der Verkleidung etc.).	**Die Fachkraft** • beobachtet und gibt den Kindern Zeit und Raum für ihr Spiel, • kennt die Sozialformen des Spiels, • bringt sich in das Rollenspiel ein, indem sie ➡ die Spielhandlung erweitert, z. B. ist sie Kundin bei einem Friseurspiel und lässt sich die Haare kämmen etc., ➡ die Rollen erweitert, z.B. lässt sich die Haare stecken, bezahlt als Kundin, möchte neuen Termin festlegen etc., ➡ zu unterstützendem Gestalten anregt, z. B. Schild für den Salon, Preisliste, Frisuren aufmalen, Geld ausschneiden etc., • findet den geeigneten Moment, das Rollenspiel zu verlassen, ohne dass die Kinder ihr Spiel abbrechen, • regt die Kommunikation der Kinder an, z. B. „Herr Doktor, mir geht es heute gar nicht gut. Was kann ich tun? ...", • spricht die Kinder in ihren Rollen an, z. B.: „Herr Feuerwehrmann, Sie müssen schnell kommen, weil ...!".	Zum Rollenspiel benötigt das Kind Orte, Zeit und geeignete Materialien. • **Orte:** ➡ die Kinderküche mit entsprechender Ausstattung ➡ der Kaufladen mit entsprechender Ausstattung ➡ die Puppenecke, verwandelbar in Friseursalon, Tierarztpraxis, Arztpraxis etc. ➡ der Werkbereich mit Werkbank und realen Werkzeugen (Hammer, Säge, Feile, Kneifzange etc.) • **Materialien:** ➡ Tische, Stühle, Kisten, Decken, Tücher, Wäscheklammern, Seile etc. ➡ themenbezogene Materialien: beim Friseur, z. B. Bürsten, Kämme, Spangen, Haarbänder, Lockenwickler, Kasse etc. ➡ rollenspezifisches Verkleidungsmaterial, z. B. Kittel, Schals, Hüte, Westen, Kleider, Schuhe etc.

Das Regelspiel

Regelspiele nehmen mit dem Alter und wachsender sozialer Kompetenz mehr und mehr zu.
Kann das Kind sich zunächst ohne die Mithilfe Erwachsener an keine äußere Regel des Spiels halten, so vermag es im Laufe der Zeit und mit abnehmendem Egozentrismus, sich immer kompliziertere Vereinbarungen zu merken und diese einzuhalten.

Regelspiele entwickeln sich langsam aus dem Funktionsspiel. Hat das Kind seine motorischen Fähigkeiten erworben, bildet es sich selbst Regeln, z. B. nur auf einer Linie laufen. Diese Selbstverpflichtungen bilden den Übergang zu den Regelspielen.

Die Merkmale des Regelspiels bilden ein festgelegter Anfang, eindeutige Spielregeln bzw. Spielabläufe und ein feststehendes Ende.

Bedeutung	Erzieherisches Verhalten	Raumgestaltung/ Spielobjekte
• Die Regelspielfähigkeit ist unmittelbar an die Fähigkeit des Kindes geknüpft, eigene Bedürfnisse, Wünsche, Empfindungen einer bestehenden Gruppe unterordnen zu können. ➡ Sie ist immer erst dann gegeben, wenn überwiegend die Sozialform des gemeinsamen Spiels gewählt wird. • Mit dem 3. Lebensjahr entwickelt sich die Fähigkeit zu Kreis- und Reigenspielen. ➡ Die Kinder ordnen sich hier schon einer Spielgruppe unter und passen sich den Mitspielenden an. • Ab ca. 5 Jahren gelingt es den Kindern, ➡ eine Aufgabenteilung innerhalb des Spiels vorzunehmen, ➡ eigene Spontaneität schon so weit einzugrenzen, dass das gemeinsame Spiel möglich wird, ➡ Wettbewerbssituationen länger zu ertragen und mit Misserfolgen umzugehen.	**Die Fachkraft** • erklärt die Spielregeln in klaren, einfachen, kurz formulierten Sätzen, • veranschaulicht die Regeln, z. B. durch das Zeigen der Spielzüge, • spielt bei neuen Spielen eine Proberunde, • lässt bekannte Spiele von den Mitspielenden kurz selbst erläutern, sodass die Regeln allen klar sind, • traut mutigen und selbstbewussten Kindern zu, mit der Spielaufgabe zu beginnen, • gibt unsicheren Kindern Zeit zum Zuschauen, • spielt selbst mit (Lernen am Modell), • bietet an, andere Mitspielende zu wählen, • kündigt das Spielende rechtzeitig an.	**Raum:** • auf dem Teppich • am Knietisch • im Sitzkreis • Bewegungsraum (drinnen und draußen) **Regelspiele sind:** • Kartenspiele (Schwarzer Peter) • Brettspiele/Würfelspiele (Tempo, kleine Schnecke) • Legespiele (Domino, Memory, Puzzle) • Kreisspiele (Bärchen, brumm einmal, Mein rechter, rechter Platz ist frei ...) • Singspiele (Schmetterling, du kleines Ding ...) • Spiele mit Material (Hüpfseilschlagen) • Sportspiele (Fußball, Handball, Fangen ...)

Die Kommunikation

Hinweis:
Die Kommunikation ist auch für unsere Fallbeispiele (ab S. 39) von grundlegender Bedeutung. Sie erkennen das Thema Kommunikation an der Farbe Hellblau und an folgendem Icon:

Unter Kommunikation verstehen wir speziell für dieses Buch und das Thema Freispiel folgende Punkte:

- Aktiv-Passiv-Sein (erzieherische Zurückhaltung/ erzieherische Aktivität)
- aktives Zuhören (empathische Reaktion auf die Botschaft einer sprechenden Person)
- Ich-Botschaften (eine empathische Art der Kommunikation)
- Mediation (Stufen zur Konfliktbewältigung)
- sensitive Responsivität (die Fähigkeit, die Signale eines Kindes zu bemerken und auf diese angemessen zu reagieren)

Aktiv-Passiv-Sein

Zurückhaltung bezeichnet die Haltung der Fachkraft, denn diese respektiert das Kind als jungen Menschen, der selbstständig handeln und probieren kann, wodurch er etwas erfahren und erleben kann.
Diese Zurückhaltung pädagogisch Tätiger drückt somit Wertschätzung gegenüber dem Kind aus.

Aktivität der Fachkraft erwächst aus derselben Haltung. Das Kind braucht in seinem Spiel Erleben, Probieren und Handeln. Dort, wo Erfolgserlebnisse nicht gelingen, entstehen Erfahrungsdefizite. Misserfolge können entmutigen und die Bereitschaft des Kindes zur Auseinandersetzung mit sich und der Umwelt hemmen. Hier ist ein aktives Eingreifen der Fachkraft erforderlich.

Erzieherische Aktivität | **Erzieherische Zurückhaltung**

genaues **Beobachten** des Kindes

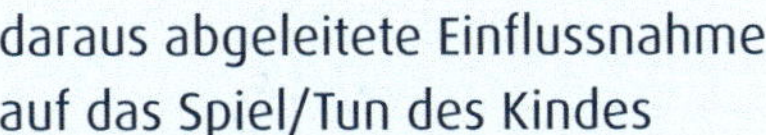

Erzieherische Aktivität	Erzieherische Zurückhaltung
daraus abgeleitete Einflussnahme auf das Spiel/Tun des Kindes	bewusste Wahrnehmung von Bedürfnissen/Spielbedürfnissen, Motiven, Handlungen
den Prozess beobachten und begleiten, Impulse setzen, die das Kind weiterführt	dem Kind Raum geben, sich zu entwickeln
passende Situationen schaffen, die dem Kind Möglichkeiten eröffnen, die es selbst nicht schaffen kann oder die ihm nicht bewusst sind	dem Kind Erfahrungsmöglichkeiten eröffnen

Beispiel: Erzieherische Zurückhaltung (Passiv-Sein)

Auf der Grundlage von Beobachtungen plant die Fachkraft einen Waldspaziergang. Die Ziele der Fachkraft sind weit gesteckt. Sie möchte, dass die Kinder ihre Selbstpotenziale entfalten und jedes Kind nach seinen Interessen den Wald für sich entdeckt.
Im Wald angekommen, lässt sie die Kinder den Wald frei erforschen und ihre Erfahrungen machen. Sie steht für die Kinder aber immer als Ansprechpartnerin zur Verfügung, beobachtet oder legt gesammeltes Naturmaterial der Kinder in ein Körbchen etc.
Die Fachkraft hält sich weitestgehend zurück und lässt die Kinder den Wald, entsprechend ihren Bedürfnissen und Selbstbildungspotenzialen, entdecken.

Beispiel: Erzieherische Aktivität (Aktiv-Sein)

Auf der Grundlage von Beobachtungen plant die Fachkraft einen Waldspaziergang. Sie hat das Ziel, dass die Kinder am Ende des Spaziergangs drei verschiedene Baumarten und deren Früchte kennengelernt haben.
Im Wald angekommen, untersucht die Fachkraft gemeinsam mit den Kindern drei verschiedene Baumarten und sammelt deren Früchte. Sie berühren gemeinsam die Rinde der Bäume, vergleichen die Früchte und die Blätter und sammeln sie in einem Korb. Mithilfe eines Baumbestimmungsbuches finden sie zusammen heraus, wie die Bäume und ihre Früchte heißen.
Die Fachkraft bringt sich aktiv ein und leitet die Kinder an. In einem geeigneten Moment zieht sie sich zurück und lässt die Kinder weiter eigenständig den Wald entdecken. Sie beobachtet und steht weiterhin als Ansprechpartnerin zur Verfügung.

Aktives Zuhören

Durch das aktive Zuhören fühlt sich das Gegenüber besser verstanden; das Kind kann besser mit der Fachkraft ins Gespräch kommen. So kann sie durch die Äußerungen des Kindes dessen Anliegen eindeutiger erkennen. Beim aktiven Zuhören sollte ein ruhiger Rahmen gegeben sein, die zuhörende Person sollte nicht gestresst oder unruhig wirken, um das Kind nicht zu verunsichern. Sie muss auch Geduld haben, um Gesprächspausen aushalten zu können. Die Fachkraft sollte Augenkontakt halten, was auch einmal bedeuten kann, sich zu dem Kind zu setzen, um auf gleicher Augenhöhe zu sein.

Die **Vorteile von aktivem Zuhören** sind:

- Das Kind spürt die Akzeptanz der Fachkraft.
- Das Kind erfährt Aufmerksamkeit und Einfühlungsvermögen.
- Das Kind kann sein Verhalten selbst beurteilen.
- Das Kind wird angeregt, seine Probleme selbst zu lösen.

Ich-Botschaften

Eine sehr wirksame Alternative zum Lob ist die Ich-Botschaft. Eine Du-Botschaft ist immer mit einer Bewertung verbunden, etwa wenn die Fachkraft sagt: „Das war sehr lieb von dir, dass du den Abfall in den Eimer geworfen hast!“
Durch die Ich-Botschaft drückt die Fachkraft ihre eigenen Empfindungen, Bedürfnisse und Gefühle aus. Hierdurch erfährt das Kind die Wirkung seines Verhaltens, ohne jedoch beurteilt zu werden. Nur so hat es die Chance, sein eigenes Tun im Positiven wie im Negativen selbst einzuschätzen, dafür Verantwortung zu übernehmen und auch mögliche Konsequenzen zu erfahren.
Sagt die Fachkraft z. B.: „Ich kann gar nicht hinschauen, wie hoch du schaukelst!“, hat das Kind die Chance, sein Verhalten selbst zu beurteilen und Lösungen, auch bei Fragen oder Problemen, selbst zu finden.[6]

[6] Vgl. Hobmair (2002), S. 245 f.

Mediation

Vorgehensweise bei einer Konfliktbearbeitung[7]

1. Schritt	**Definition des Problems** Die Fachkraft kann sich zunächst einschalten und eine Unterbrechung des Konflikts herbeiführen.
2. Schritt	**Standpunkte der einzelnen Konfliktparteien klären** Die Fachkraft bittet zunächst das eine, dann das andere Kind, zu erzählen, was geschehen ist.
3. Schritt	**Konflikterhellung** Mithilfe des aktiven Zuhörens versucht die Fachkraft, die Gefühle der Kinder, die mit dem Konflikt verbunden sind, zu ermitteln.
4. Schritt	**Problemlösung** • Die Kinder schlagen Lösungen vor, diese bleiben jedoch von der Fachkraft unbewertet. • Vor- und Nachteile einzelner Vorschläge werden erörtert. • Die Fachkraft muss beide Kinder anregen, einen Vorschlag zu entwickeln.
5. Schritt	**Vereinbarung** • Hier findet eine Entscheidung für eine Lösung statt, der alle Beteiligten zustimmen müssen. • Wenn die Kinder einen Vorschlag gefunden und sich darauf geeinigt haben, sollte die Fachkraft die Einigung positiv verstärken: „Ihr habt gute Ideen gefunden, dann macht es doch ...!" Hier fordert sie die Kinder zur Umsetzung des gemeinsamen Vorschlags auf.
6. Schritt	**Überprüfung** • Evtl. kann es sinnvoll sein, zu einem Zeitpunkt zu überprüfen, inwiefern sich die Konfliktparteien an die Lösung halten. • Diesen Schritt setzt die Fachkraft um, indem sie das Geschehen stärker beobachtet, ohne jedoch einzugreifen, wenn keine weiteren Spannungen entstehen.

[7] Vgl. Prang (2001), S.19 ff.

Sensitive Responsivität

„Sensitive Responsivität bedeutet, die Signale des Kindes zu bemerken, wahrzunehmen und, sich auf die Signale beziehend, angemessen und feinfühlig zu verhalten."[8] (K. Vollmer)

Die sensitive Responsivität besteht im Grunde aus zwei unterschiedlichen Komponenten, zum einen der aufmerksamen, zugewandten Haltung und zum anderen der Qualität der Reaktion der Fachkraft.

1.	**Kindliche Signale werden wahrgenommen**	Die Fachkraft begegnet den Kindern offen und aufmerksam. Verbale und nonverbale Äußerungen der Kinder werden beachtet. Sensitive Responsivität kann nicht gelingen, wenn die Fachkraft gestresst oder gehetzt ist und desinteressiert wirkt.
2.	**Die Fachkraft reagiert feinfühlig auf die Signale der Kinder**	Der Zusatz „sensitiv" beschreibt die Qualität des Antwortverhaltens: Die Fachkraft reagiert zeitnah auf das Kind, spiegelt oder fragt nach, drückt mit Mimik und Körperhaltung Interesse aus und stellt sicher, dass das Kind sie versteht.

[8] Vollmer (2017), S. 144.

Das Soziogramm

Ein Soziogramm ist eine grafische Darstellung einer ausgewählten Gruppe auf der Grundlage von Beobachtungen und auch gegebenenfalls durch Befragungen der Kinder (je nach Entwicklungsstand und Alter). Es stellt die Beziehungen der Kinder untereinander dar, wodurch die Gruppenstruktur deutlich wird. Verschiedene Typen einer Gruppe treten hervor, z. B. eine die Gruppe führende Person, Mitlaufende, Außenstehende.
Auf dieser Grundlage basiert die anschließende Reflexion, aus der zukünftiges pädagogisches Handeln abgeleitet wird.
Das angegebene Beispiel verdeutlicht, wie ein Soziogramm aufgrund einer Gruppensituation und einer Situationsbeschreibung aussehen kann.

Das Ausgangsszenario

Allgemeine Angaben zur Gruppensituation
Es ist Anfang Februar. Nach den Sommerferien, der Eingewöhnungsphase und einer Machtkampfphase zum Ende des Jahres sind nun feste Spielgruppen zu erkennen:

Luca (5;3 Jahre), Maurice (5 Jahre), Pascal (5;5 Jahre) bilden eine Gruppe sowie Amelie (4;5 Jahre), Nike (4;7 Jahre), Jana (5 Jahre) und Fatma (5;2 Jahre) eine andere. Gelegentlich suchen Fatma und Jana den Kontakt zu Luca.

Sophia (3;8 Jahre) und Regine (4 Jahre) sind ein festes Spielpaar.

Jonte (2;1 Jahre) und Hamid (3;2 Jahre) sind vorzugsweise im Alleinspiel/Parallelspiel zu beobachten, suchen aber gelegentlich Kontakt zueinander.

Ben (5 Jahre) ist neu in die Stadt gezogen und wurde Anfang Dezember aufgenommen.

Aktuelle Situationsbeschreibung
Luca, Pascal und Maurice spielen in der Turnhalle Fußball. Ben sitzt auf einer Turnmatte und schaut zu. Er kommentiert das Spiel und ruft: „Handspiel, das gibt eine Rote Karte!“ oder „Aus! Aus! Der Ball war im Aus! Das zählt nicht!“ Die Fußballspieler reagieren genervt und Luca sagt: „Lass das! Wir können das selbst sehen. Ich kenne mich aus. Ich habe gerade schon mit Fatma und Jana Torwarttraining gemacht.“

Amelie, Nike, Jana und Fatma spielen lang und ausgiebig im Rollenspielbereich. Sophia und Regine beobachten das Spiel der vier und fragen, ob sie auch in den Rollenspielbereich dürfen. Jana antwortet für die Gruppe: „Das ist dann zu voll hier. Wir waren zuerst da.“

Jonte und Hamid spielen nebeneinander im Konstruktionsbereich. Hamid baut eine Garage aus Bauklötzen, Jonte fährt mit einem Spielzeugauto daran vorbei. Er parkt kurz in der Garage und fährt dann wieder heraus. Hamid beobachtet ihn und holt sich dann ebenfalls ein Auto. Beide machen Motorengeräusche. Dann fährt Hamid seine Garage um und beide lachen.

Die Reflexion

Auf der Grundlage von mehreren Beobachtungen und Befragungen der Kinder ist im Soziogramm deutlich die feste Spielgruppe von Luca, Pascal, Maurice zu erkennen. Luca ist der Anführer. Ben möchte Kontakt zu den Jungen aufbauen, die diesen aber ablehnen.

Amelie, Nike, Jana und Fatma sind ebenfalls eine feste Spielgruppe. Jana ist die Anführerin. Sie halten sich gerne im Rollenspielbereich auf, in den auch Sophia und Regina wollen, was von den älteren Mädchen aufgrund von Platzmangel abgelehnt wird. Gelegentlich haben Jana und Fatma Kontakt zu Luca, um mit ihm Torwarttraining zu machen, da alle zusammen im selben Verein spielen.

Jonte und Hamid befinden sich im Alleinspiel/Parallelspiel. Sie suchen gelegentlich Kontakt zueinander und haben ähnliche Spielinteressen.

Mögliche Handlungsalternativen

Aus der Reflexion ergibt sich das pädagogische Handeln der Fachkräfte. Hier folgen einige mögliche Impulse, die Kinder zu begleiten:

Unterstützung der Integration von Ben in die Spielgruppe von Luca, Pascal und Maurice:
Durch die guten Fußballkenntnisse der drei Jungen und zwei Mädchen lässt sich gemeinsam mit den Kindern ein Fußballspiel mit Rollenverteilung (Schiedsrichter-Kind, Torwart-Kind und weitere interessierte Mitspielende) planen. Hier kann Ben sein Regelwissen einbringen, wird positiv von den Kindern wahrgenommen und als Mitspieler akzeptiert.

Das Ermöglichen der Nutzung des Rollenspielbereichs durch Sophia und Regine, z.B. durch Vergrößerung des Bereiches, oder Jontes und Hamids Spielinteresse „Fahrzeuge" aufgreifen und durch Impulse und Angebote unterstützen:

Dadurch kann der Kontakt der Kinder zueinander hergestellt bzw. intensiviert werden, sodass längerfristig eine feste Spielgruppe und Freundschaft entstehen kann.

Auf der Grundlage von Fachwissen können hier weitere unterstützende pädagogische Handlungsmöglichkeiten gefunden werden.

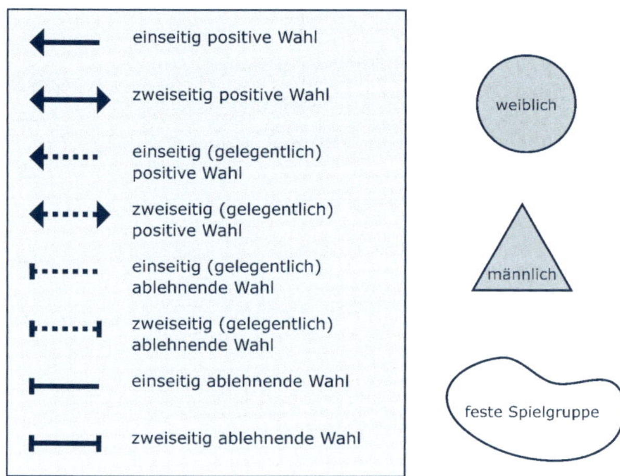

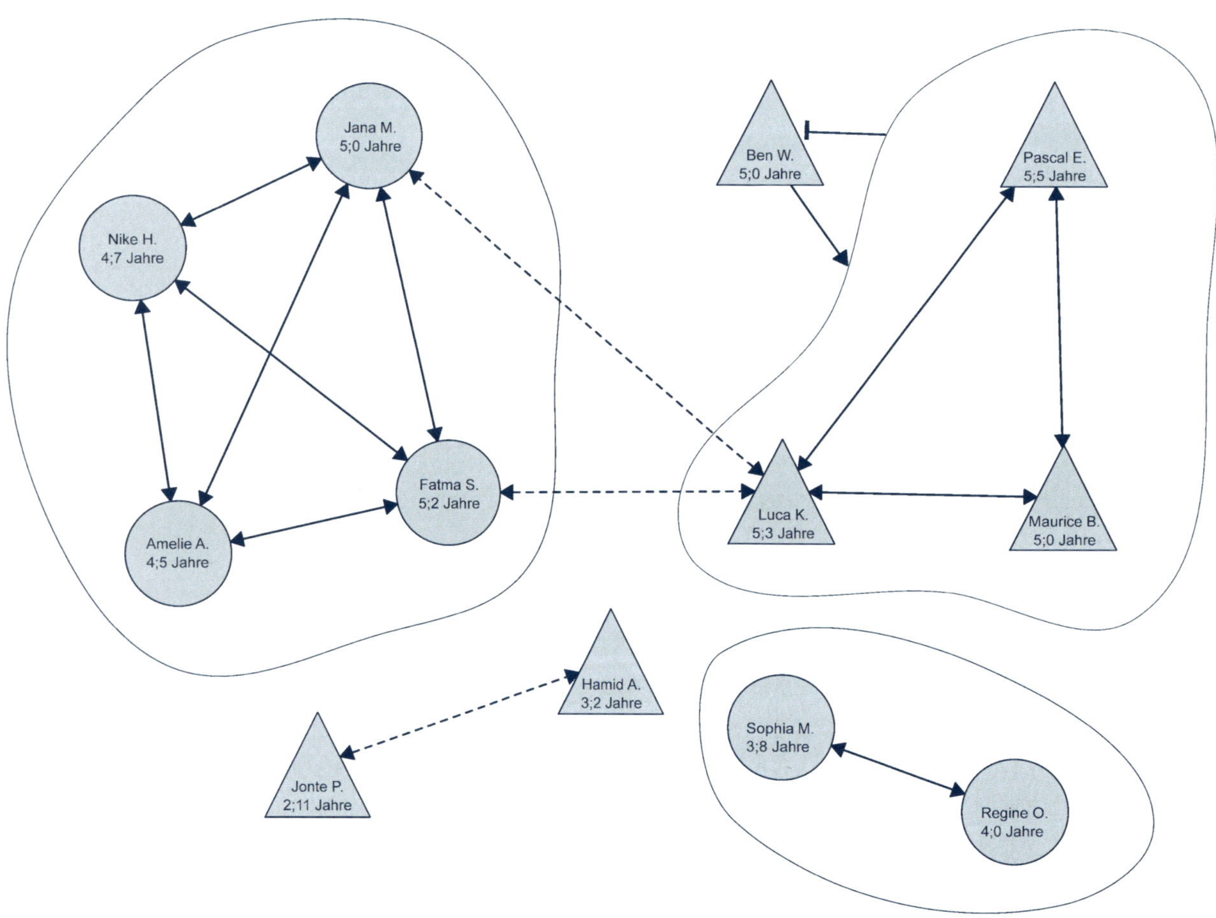

- Handlungsstrategien zu den Fallbeispielen
- **Fallbeispiel 1:** Nach der Eingewöhnungszeit
- **Fallbeispiel 2:** Im Konstruktionsbereich
- **Fallbeispiel 3:** Das Fußballspiel
- **Fallbeispiel 4:** Der Turmbau
- **Fallbeispiel 5:** „Wir sind die Großen!"

Handlungsstrategien zu den Fallbeispielen

Im Folgenden möchten wir jeweils ein Fallbeispiel aus dem Kita-Alltag in den Mittelpunkt stellen. Mit dem theoretischen Hintergrundwissen aus den vorangegangenen Kapiteln lassen sich so Rückschlüsse für die Kita-Praxis ziehen.
Auf der Grundlage des Fallbeispiels haben wir im Anschluss verschiedene **Impulse und Angebote** zusammengetragen. Zusätzlich sind **Bildungsbereiche** aufgeführt, die hier bevorzugt unterstützt werden können.

Die Fallbeispiele ordnen wir nach folgenden, bereits behandelten **theoretischen Aspekten**:

Material – Raum – Zeit

Ausgehend von dem jeweiligen Fallbeispiel, werden Handlungsstrategien aufgezeigt, die aus drei Bausteinen bestehen: dem Materialangebot, der Raumgestaltung und der Zeit.

Das **Spielmaterial** muss an die Bedürfnisse der Kinder angepasst sein und in einer angemessenen Menge zur Verfügung stehen (siehe S. 22). Es sollte für die Kinder weitestgehend frei zugänglich sein. Natur- und Alltagsmaterialien sowie wenig zweckgebundenes „Spielzeug" sollte hier im Mittelpunkt stehen, damit das forschende, entdeckende Lernen und das variantenreiche, kreative Spiel unterstützt werden.

Die **Raumgestaltung** orientiert sich ebenfalls an den Bedürfnissen der Kinder. Nicht umsonst gilt in der Reggio-Pädagogik „der Raum als dritter Erzieher"[9]. Er sollte Geborgenheit und Rückzugsmöglichkeiten bieten, aber auch Treffpunkte und Kommunikationsmöglichkeiten bereithalten. Räume sollen zu Herausforderungen anregen und Möglichkeiten für Spiel- und Lernaktivitäten eröffnen. Soweit es geht, sollten sie wandel- und gestaltbar sein und die Selbstbildungspotenziale der Kinder unterstützen.
Auch Zeit spielt hier eine Rolle. Die Fachkraft hat die Gelegenheit, Kinder zu beobachten oder zu ihnen eine Beziehung aufzubauen. So kann sie die Kinder begleiten, anregen oder unterstützen, gibt ihnen aber auch

[9] Gartinger; Janssen (2014), S. 298.

die **Zeit**, ihre Umgebung zu erkunden, zu experimentieren, zu entdecken, Erfahrungen zu machen, zu spielen, zu lernen, Kontakt mit anderen Kindern und Fachkräften aufzunehmen etc. Die Fachkraft selbst steht als Kommunikations- oder auch Mediationspartnerin (siehe S. 33) zur Verfügung, übt erzieherische Zurückhaltung oder hört einfach nur zu.

Hinweis:
Im Anschluss an die Fallbeispiele zeigen mit Fotos illustrierte Impulse bzw. Angebote mögliche Handlungsstrategien auf, die im Kita-Alltag aufgegriffen werden können. So führt die Reflexion des Fallbeispiels zu Impulsen und Angeboten, die die Kinder in ihrem Spiel unterstützen und die ihren Bedürfnissen entgegenkommen.

Die kindliche Entwicklung

Das Spiel sowie die Bildungsbereiche bestehen nicht aus klar abgegrenzten Kategorien, sondern gehen fließend ineinander über oder bedingen einander sogar. Die körperliche Bewegung (Fein- und Grobmotorik) ist auch für die Sprachentwicklung, die emotionale und die kognitive Entwicklung sowie für die soziale Entwicklung des Kindes von grundlegender Bedeutung.

Sinneswahrnehmung

Hierzu zählen die folgenden Sinne: taktil – Fühlen, olfaktorisch – Riechen, gustatorisch – Schmecken, visuell – Sehen, auditiv – Hören.

Kognitive Entwicklung

Damit ist das Verarbeiten von Informationen gemeint, die durch Erkenntnisse oder Erfahrungen erworben werden. Die Ergebnisse so einer „Denkleistung" können das bewusste Benennen geometrischer Figuren, aber auch das unbewusste Bilden einer Meinung sein.

Sprache, Kommunikation

Neben der allgemeinen Sprachentwicklung (Grammatik, Satzstellung etc.) gehört auch Literacy zu einer guten Sprachbildung, also das Heranführen der Kinder an Literatur (Bilderbücher, dialogisches Erzählen etc.) und das Bewusstsein über die Funktion von Schrift, Lautverbindungen sowie Freude an Sprache und Kommunikation. Die sprachliche Entwicklung ist eng mit der sozial-emotionalen Entwicklung verwoben.

Sozial-emotionale Entwicklung

Die eigenen Emotionen ausdrücken, mitteilen und verstehen ist nicht einfach und muss von den Kindern entwickelt werden. Die emotionale Kompetenz ist wichtig für die soziale Kompetenz, denn durch den Umgang mit den eigenen Gefühlen und deren Verständnis kann diese Kompetenz auch bei anderen Kindern erkannt und mit ihnen angemessen interagiert werden.

Grob- und Feinmotorik

Grobmotorik meint hier „große" Bewegungsabläufe, die der Gesamtbewegung dienen, wie Laufen, Springen, Sich-Drehen etc. Feinmotorik meint hier eher handmotorische Prozesse, wie die Stifthaltung, den Pinzettengriff, die Nutzung von Werkzeugen, aber auch das Bewegen von Füßen und Zehen etc.

Je nachdem, welchen Schwerpunkt die Fachkräfte setzen, lassen sich die Freispielideen sehr häufig auch auf andere Bildungsbereiche übertragen. Alle Bereiche sind ohnehin ineinander verwoben. Die Fachkraft wählt aufgrund ihrer Beobachtungen und Intentionen den geeigneten Schwerpunkt der hier vorgestellten Ideen für das Kind oder die Kinder.

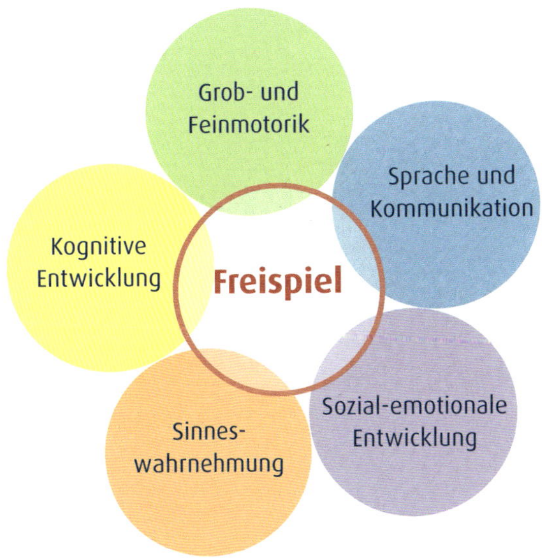

Wichtige Vorbemerkung zum Einsatz der Impulse/ Angebote durch die Fachkraft

Die Fachkraft muss aufgrund ihrer pädagogischen Kompetenz und ihrer kindorientierten Beobachtungen je nach Alter, Entwicklungsstand und den Selbstbildungspotenzialen des Kindes entscheiden, in welcher Spielform sie die Aktivität plant. Dabei muss sie berücksichtigen, ob sie diese als Impuls (direkt - indirekt) oder als Angebot (direkt - indirekt) einsetzt.

In den folgenden Fallbeispielen 1–5 sind Praxisbeispiele aufgeführt, die Kinder in der jeweiligen Gruppenphase unterstützen können. Die Fachkraft kann darüber hinaus diese Impulse/Angebote auch in jeder anderen Gruppenphase einsetzen, wenn sie damit ein entsprechendes pädagogisches Ziel verfolgt.

Hinweis:
In allen unseren aufgeführten Beispielen gehen wir von altersgerecht entwickelten Kindern aus. Erkrankungen, Entwicklungsverzögerungen, psychische Belastungen etc. können auch Auslöser für beobachtetes Verhalten sein und entsprechende individuelle Maßnahmen sollten dann an diesen Voraussetzungen ausgerichtet sein.

Fallbeispiel 1: Nach der Eingewöhnungszeit

Impulse und Angebote

1. Handpuppen

2. Aqualinos

3. Glöckchen

4. Sensory Bags

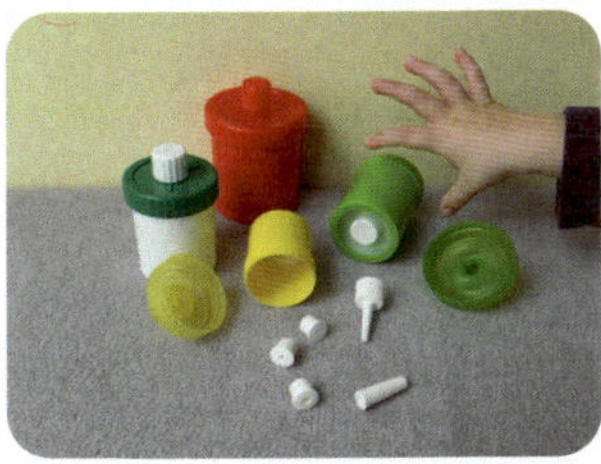
5. Kruken zum Drehen und Drücken

6. Socken sortieren

7. Klammern, Klammern, Klammern

8. Pfeifenputzer am Gitterkorb

9. Abflussstampfer und Gardinenringe

10. Farb-Dübel

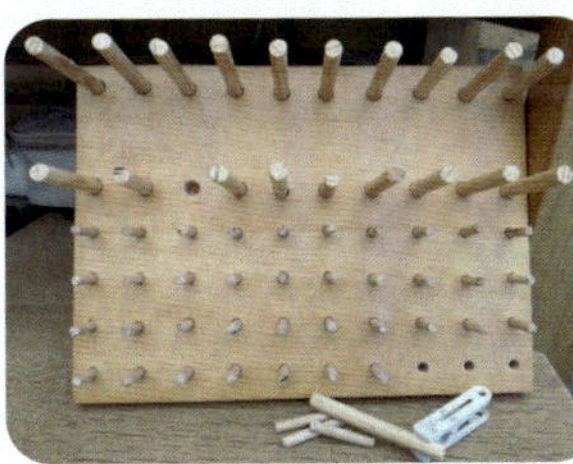
11. Holzbrett und Dübel

12. Besteckbecher

13. Dreh mich!

14. Domino mit Klangeffekt

15. Flaschenhälse

Fallbeispiel

	S. 19	Fremdheits- oder Orientierungsphase
	S. 22	Sicherheit
	S. 33	Aktiv-Passiv-Sein
	S. 24	Beobachterrolle
	S. 28	nicht zu beobachten

Philipp (3;2 Jahre) besucht seit Beginn des Kindergartenjahres die Ü3-Gruppe. Er ist das einzige Kind der Familie und wurde in der Zeit zuvor zwei Jahre von einer Tagesmutter betreut.
Philipp hat die Eingewöhnungszeit erfolgreich hinter sich. Wenn er morgens von einem Elternteil in die Gruppe gebracht wird, lächelt er und hält Ausschau nach seiner Bezugserzieherin Steffi, die er freudig und mit einem Lächeln begrüßt. Philipp verabschiedet sich von seiner Mutter bzw. seinem Vater, setzt sich auf den nächsten Stuhl und „tut nichts".

Interpretation

- Philipp braucht vielleicht Zeit, um sich vom ruhigen Familienleben auf das quirlige Durcheinander in der Gruppe umzustellen.
- Er hat den Übergang (Transition) von der Familiensituation in den Kita-Alltag erst einmal zu verarbeiten.
- Durch die Vielfalt des Gruppengeschehens fühlt Philipp sich überfordert, verängstigt und gehemmt.
- Der Junge wartet darauf, angeregt zu werden, weil er sich allein nicht traut oder die nötige Initiative nicht aufbringt, um aktiv zu werden.

FAZIT
Philipp in Ruhe lassen, ihn beobachten und ihm behutsam helfen, sich in die Gruppe einzugliedern. Das kann durch die Fachkraft selbst oder auch durch ein anderes Kind geschehen.

Handlungsstrategien

Raumgestaltung

Die Fachkraft schafft für Philipp **Rückzugsmöglichkeiten**, von denen aus er die anderen Kinder beobachten kann. Um Sicherheit zu erlangen, muss er die Gelegenheit haben, Blickkontakt mit der Bezugsfachkraft aufzunehmen. Darüber hinaus benötigt der Junge Raum, um Tätigkeiten aufzunehmen und für sich allein **Materialerfahrungen** zu machen, die seinem Alter und Entwicklungsstand angepasst sind. Dazu bieten sich z. B. Experimentier-Ecken und Aktionstabletts an.

Material

Um Philipps **Selbstständigkeit** zu unterstützen, sollen die geeigneten Materialien in erreichbarer Höhe des Kindes aufbewahrt werden. Diese wecken so sein Interesse und regen seine Motivation und Experimentierfreude an.
Materialien, die für das **Alleinspiel** genutzt werden können, sind Kuscheltiere, Decken, aber auch Dinge, die das Kind von zu Hause mitbringt. Damit schafft die Fachkraft für den Jungen eine sichere und geborgene Atmosphäre.

Zeit

Das Kind braucht Zeit zum Beobachten und zum Sich-Zurückziehen. Ältere Kinder können Philipp die Gruppe und die Nebenräume, die Spielmaterialien und Spielmöglichkeiten zeigen, um ihn so langsam zu integrieren. Auch kann Philipp durch kleine **selbstwirksame Aufgaben** in den Alltag einbezogen werden, z. B. hilft er der Bezugsfachkraft und einem zweiten Kind beim gemeinsamen Tischdecken. So werden durch die Nähe zu einem anderen Kind erste **Beziehungen** angeregt.

Das alles erfolgt aber nur, wenn aus der Beobachtung eindeutig hervorgeht, dass Phillip darauf wartet, angeregt zu werden, und er es noch nicht allein schafft oder nicht weiß, wie er sein Bedürfnis äußern kann.
Philipp hat Zeit, seine Beobachterrolle voll auszuleben, um selbst zu entscheiden, wann er aus eigenem Antrieb Initiative entwickelt oder diese signalisiert. Die Fachkraft akzeptiert sein Verhalten. Sie nimmt sich Zeit, bleibt in seiner Nähe, stellt **positiven Blickkontakt** her und gibt ihm so die Sicherheit, die er benötigt, um sich verstanden und wohlzufühlen. Erst dann wird Philipp in der Lage sein, eigenständig zu agieren.

Impulse und Angebote

1. Handpuppen

Alter: ab 2 Jahren
Bildungsbereiche: Sprache, Kommunikation, sozial-emotionale Entwicklung
Material: Handpuppen in verschiedenen Ausführungen

Impuls/Angebot:
Handpuppen (Figuren oder Tiere mit gut sichtbaren Augen und beweglichen Mündern) gehören zur Grundausstattung einer Kindergruppe im pädagogischen Bereich. Durch sie lässt sich eine Beziehung zu den Kindern leichter aufbauen. Die Figuren sind Spielpartner auf „Augenhöhe", sie verhalten sich anders als Erwachsene. Kinder fühlen sich in die Handpuppe ein, leben und erleben mit ihnen und durch sie verschiedenste Situationen im Spiel. Sie bieten Kindern Sicherheit und können innere Spannungen leichter abbauen, sodass auch eher verschlossene und zurückhaltende Kinder ihre Gefühle durch die Puppe mitteilen können. Kinder im Vorschulalter (ca. 2.–6. Lebensjahr) befinden sich in ihrer Entwicklung in der Phase des magischen Denkens, d. h., sie verlebendigen die Puppe und blenden Erwachsene dabei vollkommen aus.

2. Aqualinos

Alter: ab 3 Jahren
Bildungsbereiche: Sinneswahrnehmung, Feinmotorik, kognitive Entwicklung
Material: Aqualinos (Wasserperlen) in unterschiedlichen Größen, Schüssel/Wanne mit Wasser
für die Variante: Eierbecher, Löffel, Pinzetten, Kellen, Becher, Schüsseln etc.

Impuls/Angebot:
Die Aqualinos werden in eine große Schüssel oder Wanne mit Wasser gelegt (siehe Beschreibung auf der Verpackung). Nachdem sie aufgequollen sind, wird das übrige Wasser abgeschüttet und die Aqualinos den Kindern zur Verfügung gestellt. Die Wasserperlen bieten ihnen eine angenehme Wahrnehmungserfahrung.
Die durch die Aufnahme von Wasser erfolgte Volumenänderung der Aqualinos ruft bei Kindern oft Erstaunen hervor und bietet so Anknüpfungspunkte zum naturwissenschaftlichen Bereich. Denn werden die Aqualinos in der Sonne getrocknet, kehren sie zu ihrer ursprünglichen Größe zurück.

Variante:
Viele Materialien eignen sich, mit den Aqualinos kombiniert oder erweitert zu werden. So lassen sich große Wasserperlen z. B. in Eierbecher legen oder mit Löffeln transportieren, auch Kellen, Becher und Schüsseln laden zum Experimentieren und Sortieren der Wasserperlen ein. Gefrorene Aqualinos ermöglichen ebenfalls noch einmal eine andere Wahrnehmungserfahrung für die Kinder.

3. Glöckchen

Alter: ab 3 Jahren
Bildungsbereiche: Sinneswahrnehmung, Feinmotorik, kognitive Entwicklung
Material: Glöckchen in verschiedenen Farben und Größen, Schalen aus verschiedenen Materialien (Metall, Glas, Kunststoff, Keramik etc.); *ergänzend:* Kugelausstecher, Stabmagnet, Teesieb, Löffel, Schütten oder Pinzetten

Impuls/Angebot:
Glöckchen sind überwiegend aus Metall mit blanken Oberflächen, reflektieren das Licht, sind magnetisch und haben einen angenehmen Klang. All das regt die Neugier und die Motivation der Kinder an. Sie experimentieren und untersuchen das Material und es entsteht ein Spiel, das zusätzlich noch mit vielen anderen Materialien ergänzt werden kann.

Glöckchen gibt es in verschiedenen Größen und unterschiedlichen Klängen. Sie können nach Farbe, Größe und Klang sortiert werden. Lässt man sie in Schalen aus anderen Materialien fallen (Glas, Metall, Kunststoff, Keramik), ergibt sich wieder ein neues Geräuscherlebnis. Werkzeuge wie Kugelausstecher, Stabmagnet, Teesieb, Löffel, Schütten oder Pinzetten lassen sich wunderbar als ergänzendes Material zu den Glöckchen anbieten. Hier ergeben sich viele weitere Möglichkeiten, die ein intensives Spiel der Kinder ermöglichen.

4. Sensory Bags

Alter: ab 1 Jahr
Bildungsbereiche: Sinneswahrnehmung, kognitive Entwicklung, Feinmotorik
Material: Gefrierbeutel mit Zip-Verschluss (alternativ „normale" Gefrierbeutel mit Klebeband verschließen); Kleinmaterialien, wie Knöpfe, Perlen, Pailletten, Klebestreifen etc.; Wasser (alternative Flüssigkeiten: Haar- oder Duschgel, Schleim [siehe Rezept S. 47])
für die Variante: wasserfester Stift

Impuls/Angebot:
Der Gefrierbeutel wird mit Wasser (alternativ mit Schleim, Gel etc.) und verschiedenen Kleinmaterialien, z. B. mit roten und blauen Knöpfen, ca. einen Fingerbreit befüllt.

Dadurch können sich die Kleinmaterialien im Wasser von den Kindern mit den Händen gut verteilen und verschieben lassen. Dieser Beutel kann mit Klebestreifen auf einem ebenen Untergrund befestigt werden, damit er nicht verrutscht.
Durch die „Sensory Bags" kommen die Kinder nicht direkt mit den Kleinmaterialien in Kontakt, was besonders bei Jüngeren wegen der Gefahr des Verschluckens wichtig ist. Je nach Entwicklungsstand und Alter ist jedoch der direkte Kontakt mit den Kleinteilen zu bevorzugen.

Variante:
Geometrische Figuren werden mit einem wasserfesten Stift auf den Gefrierbeutel gezeichnet. Die Kinder können so die Kleinmaterialien in die geometrischen Figuren sortieren. Das Ganze lässt sich auch mit Farben realisieren, z. B. sollen die roten Knöpfe in den roten Kreis und die blauen Knöpfe in den blauen Kreis geschoben werden. Auch ein Labyrinth lässt sich aufzeichnen, durch das z. B. der Knopf bewegt werden muss.
Durch das Spüren durch den Beutel entstehen verschiedene Wahrnehmungserfahrungen und es können auch Kompetenzen im Bereich Farbe und Formen erweitert werden.

5. Kruken zum Drehen und Drücken

Alter:	ab 2 Jahren
Bildungsbereiche:	Sinneswahrnehmung, Feinmotorik, kognitive Entwicklung
Material:	Salbentiegel, Salbenkruken zum Drehen und Drücken (aus der Apotheke, dem Internethandel oder auch dem Tierfachmarkt), Schleim (siehe Rezept unten)

Impuls/Angebot:
Die Kruken gibt es in verschiedenen Varianten, so kann der Inhalt herausgedreht oder -gedrückt werden. Dadurch sind verschiedene motorische Fähigkeiten gefragt. Der Reiz dieser Technik motiviert die Kinder zum genauen Untersuchen, wie diese Tiegel und Kruken sich leeren lassen. Werden sie mit farbigem Schleim gefüllt (siehe Foto), erleben die Kinder neue Erfahrungen im Bereich von Farben und Farbmischungen. Zusätzlich erfahren sie durch den Schleim einen Anreiz in der taktilen Wahrnehmung.

Schleimrezept als Alternative für die Füllung der Sensory Bags und der Kruken

- 100 g Kartoffelstärke
- 1 l Wasser
- ggf. Lebensmittelfarbe

Die Zutaten werden in einen Kochtopf gegeben und unter Rühren aufgekocht, bis sie eindicken. Ist flüssigerer Schleim gewünscht, wird einfach noch etwas Wasser hinzugegeben. Den Schleim abkühlen lassen, dann ist er einsatzbereit. Soll farbiger Schleim entstehen, wird noch etwas Lebensmittelfarbe ins Wasser gegeben. Der Schleim ist ein paar Tage haltbar; im Kühlschrank aufbewahrt, auch bis zu einer Woche.

6. Socken sortieren

Alter: ab 3 Jahren
Bildungsbereiche: Feinmotorik, kognitive Entwicklung
Material: verschiedenfarbige und gemusterte Sockenpaare, Korb zur Aufbewahrung der einzelnen Socken
für die Variante: buntes Besteck

Impuls/Angebot:
Auch das Finden und Ineinanderstecken von Sockenpaaren ist für Kinder motivierend, denn sie ahmen die Tätigkeiten von Erwachsenen oft mit Freude nach. Wenn aus zwei Socken plötzlich eine „Sockenkugel" wird, fasziniert das die Kinder und sie wollen dies unbedingt nachmachen. Werden alle Sockenpaare, entsprechend ihrer Farbe und ihrem Muster, gefunden? Wie stecke ich Socken ineinander, sodass eine „Kugel" entsteht? Hierdurch kommen Transferleistungen zur Anwendung, wie Zuschauen, Umsetzung, Nachahmung und Problemlösung.

Variante:
Sortieren oder Paare finden lässt sich mit verschiedenen Materialien und Gegenständen realisieren, z. B. auch mit buntem Besteck (siehe Foto).

7. Klammern, Klammern, Klammern

Alter: ab 3 Jahren
Bildungsbereiche: Feinmotorik, kognitive Entwicklung
Material: Golfballmarkierer, verschiedene Haarklammern, Wäscheklammern, Klemmzwingen, Bälle, Tücher oder verschiedene Materialien, die mit einer Klammer gut gegriffen werden können; Schüsseln, Becher zum Sortieren und zum Ablegen der verschiedenen Materialien
für die Variante: Tee-Ei

Impuls/Angebot:
Klammern gibt es in unterschiedlichen Größen, Formen und Farben – jede erfüllt im Alltag einen bestimmten Zweck. So hält eine Haarklammer die Haare zusammen und mit dem Golfballmarkierer (siehe Foto S. 49) lassen sich Kennzeichnungen auf Golfbällen anbringen.

Das Grundprinzip zum Öffnen ist bei den Klammern ähnlich. Kinder erfahren, dass sie den richtigen Druck ausüben müssen, um gezielt Dinge damit zu greifen, zu transportieren und woanders abzulegen. Dieser Mechanismus ist für sie faszinierend. Die Auge-Hand-Koordination wird geschult und die Handmuskulatur trainiert. Die Kinder werden kreativ und testen begeistert unterschiedliche Einsatzmöglichkeiten der Klammern aus.

Variante:
Das Tee-Ei ist eine ungewöhnliche Klammervariante. Es ist zwar nicht direkt zum Klammern gedacht, der Mechanismus funktioniert aber ähnlich, denn aufgrund der geschlossenen Form lassen sich die „eingesammelten" Gegenstände im Tee-Ei bewegen.

8. Pfeifenputzer am Gitterkorb

Alter:	ab 2 Jahren
Bildungsbereiche:	Feinmotorik, kognitive Entwicklung
Material:	metallischer (magnetischer) Gitterkorb, Pfeifenputzer/Chenilledraht, evtl. Magnetstäbe

Impuls/Angebot:
Am Gitterkorb lassen sich die Pfeifenputzer variantenreich befestigen, denn sie sind leicht biegbar und können so zu einem wahren „Gitterkorb-Kunstwerk" kombiniert werden. Das Knicken und Befestigen der Pfeifenputzer verlangt feinmotorische Fähigkeiten und schult die Auge-Hand-Koordination, außerdem regt es die Kreativität an. Durch die verschiedenen Farben und Längen der Pfeifenputzer werden mathematische Längenvergleiche und die ästhetische Wahrnehmung geschult. Durch den zusätzlichen Einsatz von Magnetstäben haben die Kinder noch mehr Kombinations- und Verwendungsmöglichkeiten.

9. Abflussstampfer und Gardinenringe

Alter: ab 1–2 Jahren
Bildungsbereiche: Feinmotorik, kognitive Entwicklung
Material: Abflussstampfer (alternativ: Küchenrollenhalter oder CD-Spindel mit stabilem Standfuß), Gardinenringe, evtl. Farbe oder farbiges Klebeband
für die Variante: farbige Bänder, Chiffontücher

Impuls/Angebot:
Auf einen neuen Abflussstampfer lassen sich Gardinenringe stapeln (siehe Foto).
Es erfordert altersentsprechend feinmotorische Kompetenzen, die Ringe genau über den Stiel des Stampfers zu stapeln. Werden mehrere Saugglocken zur Verfügung gestellt, können ältere Kinder die Ringe zählen oder die Stapelhöhe vergleichen.

Variante zur allgemeinen Spielanregung:
Gardinenringe sind sehr vielfältig einzusetzen, wie zum Werfen in Dosen, zum Legen, zum Rollen und zum Kombinieren mit anderen Materialien.
Sind die Ringe von den Kindern in verschiedenen Farben angemalt oder mit farbigem Klebeband umwickelt worden, wird zusätzlich die Farbzuordnung und -benennung unterstützt.

Tanzringe entstehen, wenn farbige Bänder oder Chiffontücher an die Gardinenringe geknotet werden. Diese schwingen die Kinder im Rhythmus der Musik und können gemeinsam Bewegungsarten erfinden.

Fädeln jüngere Kinder ein Chiffontuch um die Gardinenringe, entsteht eine lustige und zur Bewegung auffordernde Gardinenring-Schlange.

10. Farb-Dübel

Alter: ab 2 Jahren, je nach Größe der Dübel
Bildungsbereiche: Feinmotorik, kognitive Entwicklung
Material: Holzdübel in unterschiedlichen Größen, Farbe, Gefrierbeutel, evtl. Wachstuchdecke

Impuls/Angebot:
Holzdübel gibt es in unterschiedlichen Größen. Sie lassen sich noch flexibler und variantenreicher einsetzen, wenn sie eingefärbt werden. Dazu gibt man die Dübel zusammen mit der gewünschten Farbe in einen Gefrierbeutel und verschließt ihn. Der Beutel wird mit den Händen gut durchgeknetet, sodass sich die Farbe gut verteilt. Anschließend werden die Dübel auf einer Unterlage, z. B. einer Wachstuchdecke, zum Trocknen ausgelegt. So lassen sich verschiedene Dübel-Farben herstellen. Die Dübel können so gut von den Kindern zum Sortieren, Legen, Einwerfen etc. genutzt werden.

Hinweis:
Dübel können im Freispiel für unterschiedliche Impulse verwendet werden. Eingefärbt bietet dieses Kleinmaterial eine zusätzliche Motivation und Betätigungsmöglichkeit für die Kinder.

11. Holzbrett und Dübel

Alter: ab 2 Jahren, je nach Größe der Dübel
Bildungsbereiche: Feinmotorik, kognitive Entwicklung
Material: verschiedene Größen von Holzdübeln, Holzbrett, Bohrer, evtl. Farbe zum Einfärben der Dübel, Holzklötze, verschiedene Schüsseln

Impuls/Angebot:
Das durch die Fachkraft vorzubereitende Angebot kann ggf. im Rahmen eines Projektes „Holzarbeiten" mit einer Kleingruppe umgesetzt werden.
Holzdübel gibt es in unterschiedlichen Größen. Je nach Durchmesser werden Löcher in ein Holzbrett gebohrt. Die Bohrlöcher müssen immer ca. 0,5–1 mm größer gebohrt werden als der entsprechende Dübeldurchmesser. Die Dübel können vorher eingefärbt werden, dadurch ergeben sich noch mehr Spiel- und Einsatzmöglichkeiten. Die einfachste Spielvariante besteht darin, das Loch für den passenden Dübel zu finden.

Bei diesem Spiel sind Koordination und feinmotorisches Geschick gefragt.

Variante 1:
Damit die Dübel auch mit einem hörbaren Geräusch durch die Löcher fallen, sollte das Holzbrett über zwei Holzklötze gelegt und darunter Schüsseln gestellt werden (siehe Foto). Je nachdem, aus welchem Material die Schüsseln bestehen, entsteht beim Hineinfallen ein anderer Ton.

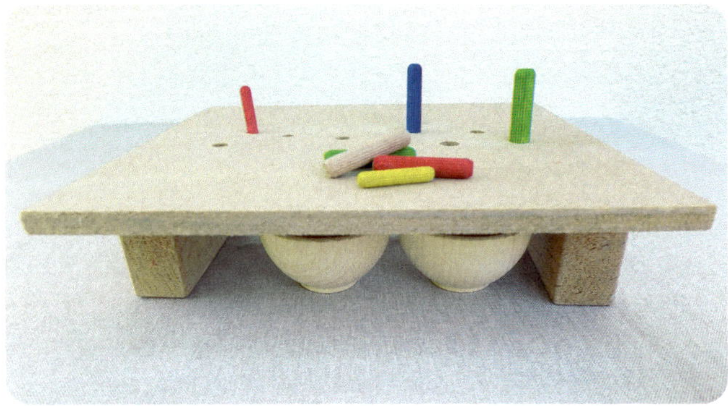

Variante 2:
Wird das Brett nicht komplett durchgebohrt, lassen sich die Dübel „nur" hineinstecken und es ergeben sich weitere Spielmöglichkeiten, wie Farbzuordnungen oder einfache Brettspiele.

Hinweis:
Anstelle von üblichen Riffeldübeln können auch Glattdübel verwendet werden. Der Schwierigkeitsgrad lässt sich weiter steigern, wenn die Holzstäbe nicht mit den Fingern, sondern mithilfe von Wäscheklammern in die Löcher gesteckt werden sollen.

12. Besteckbecher

Alter: ab 2 Jahren, je nach verwendetem Kleinmaterial

Bildungsbereich: Feinmotorik, Sinneswahrnehmung, kognitive Entwicklung

Material: Besteckbecher aus Metall mit Löchern, Trinkhalme, Holzspieße, Pfeifenputzer/Chenilledraht, Kleinmaterialien

Impuls/Angebot:
Besteckbecher aus Metall und mit Löchern versehen, nutzen Kinder oft für ihr kreatives Spiel. Denn durch die Löcher lassen sich mit feinmotorischem Geschick Pfeifenputzer, Holzspieße und Trinkhalme stecken. Magnete haften am Metall und verschiedene Kleinmaterialien (Dübel, Perlen, Murmeln, Münzen etc.) verursachen in dem Metallgefäß verschiedene Klänge. Den Kindern bieten diese „Alltagsmaterialien" eine Menge Möglichkeiten, sie fantasievoll einzusetzen.

13. Dreh mich!

Alter: ab 1–2 Jahren, je nach verwendetem Material
Bildungsbereiche: Grob-Fein-Motorik, kognitive Entwicklung
Material: Hürdenkegel, Besenstiel oder Rundstab, Schwämme, Ringe, Reifen, Küchenutensilien, Chiffontücher etc.; kleine Bälle

Impuls/Angebot:
Zwei Hürdenkegel werden mit einem Besenstiel verbunden (siehe Foto). Auf diesen Stiel lassen sich jetzt verschiedene Gegenstände schieben, wie z. B. Schneebesen, Wurfringe. Die Kinder können diese Gegenstände auf dem Rundstab drehen, auch lassen sich Chiffontücher durch die aufgehängten Schneebesen oder Ringe ziehen. Es kann auch mit kleinen Bällen versucht werden, die Gegenstände am Stab mit gezielten Würfen in Bewegung zu versetzen.

Hinweis:
Werden nur Chiffontücher an den Stab geknotet, ist es für Kinder eine schöne taktile Erfahrung, durch diesen Chiffon-Vorhang aus Tüchern zu krabbeln.

14. Domino mit Klangeffekt

Alter: ab 4 Jahren
Bildungsbereiche: kognitive Entwicklung, Feinmotorik, Sinneswahrnehmung
Material: Dominosteine, Holzbauklötze, verschiedene Gefäße, Tablett

Impuls/Angebot:
Die Kettenreaktion, die das Umfallen von Dominosteinen auslöst, motiviert die Kinder, sie selbst auszuprobieren.

Auf einem Aktionstablett werden Holzbausteine so gestapelt, dass eine Treppe entsteht. Auf jeder Stufe stellen die Kinder einzeln die Dominosteine auf (siehe Foto). Wird jetzt der erste Stein auf der oberen Stufe angetippt, fällt er und löst eine Kettenreaktion aus. Der letzte Dominostein fällt am Ende der Treppe in ein Gefäß und erzeugt einen Klang. Die Kinder erkennen spielerisch, wie der Aufbau konstruiert werden muss, damit der letzte Stein auch erfolgreich in das Gefäß fällt. Hierbei spielen vorausschauende Handlungen und deren Umsetzung eine große Rolle, um den Dominoeffekt zu erzielen. Wenn dieser nach mehreren Versuchen am Ende funktioniert, stellt sich eine positive Verstärkung und das Gefühl des Erfolgs ein.

Hinweis:
Um vielfältige Klänge zu erzeugen, können Gefäße aus unterschiedlichen Materialien zum Erproben bereitgestellt werden.

15. Flaschenhälse

Alter: ab 2 Jahren, je nach Materialgröße
Bildungsbereiche: Feinmotorik, kognitive Entwicklung
Material: Kunststoffflaschen, Schuhkarton, Messer, Pinzetten, Zangen oder Löffel; Heißkleber, farbiges Klebeband; Kleinmaterialien, wie Pompons, Pfeifenputzer/Chenilledraht, Holzdübel, Papierkugeln etc.; evtl. Pinzetten, Löffel
für die Variante: Schüsseln

Impuls/Angebot:
Von Kunststoffflaschen mit unterschiedlichen Flaschenhalsformen und Verschlussgrößen wird der obere Teil abgetrennt. In den zu den Flaschenhälsen passenden Größen werden Löcher in den Deckel des Schuhkartons geschnitten und die Flaschenhälse – Deckelseite zeigt nach oben – mit Heißkleber oder auch zusätzlich mit Klebeband in diesen Öffnungen befestigt. Dabei kann jeder Flaschenhals unterschiedlich farbig gestaltet werden, denn so ergeben sich noch mehr Spielmöglichkeiten, wie z. B. das Sortieren der Materialien nach Farben in die verschiedenen Öffnungen (siehe Foto). Auch Zahlen, Buchstaben, geometrische Formen sind möglich und können unter dem jeweiligen Flaschenhals aufgemalt werden.

Die Kinder schrauben die Verschlüsse der Flaschenhälse auf und werfen Kleinmaterialien hinein. Sie können dabei ihre Finger, aber auch zusätzlich Pinzetten oder Löffel einsetzen.
Vielfältige Spielvarianten sind möglich, wenn Farben, Anzahl oder Form des Materials vorgegeben sind.
Dass die Materialien nach dem Einwurf in den Karton verschwinden, bietet einen zusätzlichen Reiz für die Kinder. Damit zum Herausholen der Materialien nicht immer der Deckel des Kartons abgenommen werden muss, kann auch seitlich eine „Tür" in den Karton geschnitten werden. So sehen die Kinder, was mit den Materialien geschieht, die in den Karton fallen. Sie verschwinden kurz und tauchen dann unten wieder auf – besonders jüngere Kinder sind davon fasziniert und wiederholen es immer wieder.

Variante:
In den Karton werden Schüsseln aus verschiedenen Materialien hineingestellt. Fällt nun ein Gegenstand durch den Flaschenhals in die Schüssel, wird zusätzlich ein Klang erzeugt.

Fallbeispiel 2: Im Konstruktionsbereich

Impulse und Angebote

1. Leere Garnrollen

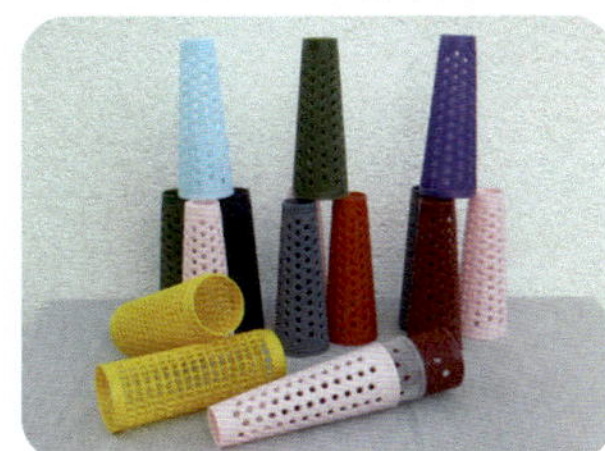
2. Leere Garnspulen

3. Ton, Lehm, Zaubersand & Co

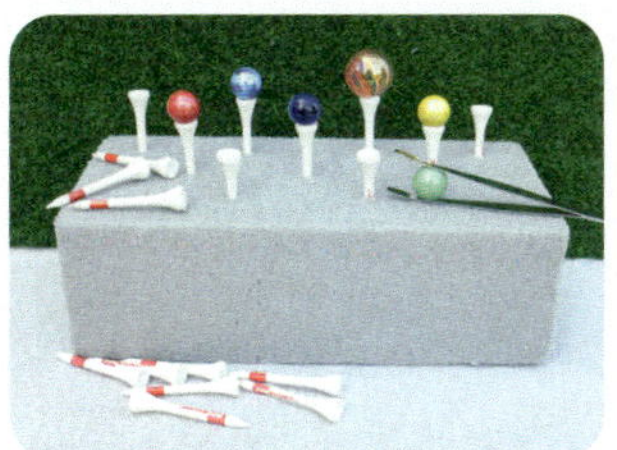
4. Golf-Tees

5. Bingochips

6. Fliesenkreuze und Trinkhalme

7. Acryl- und Plexiglas

8. Luftpumpen

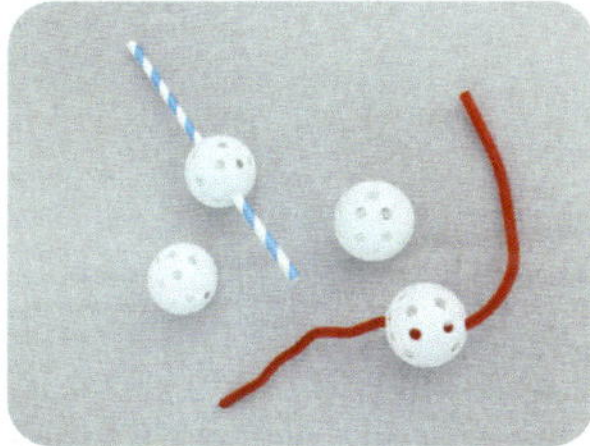
9. Ballsammler

10. Toilettenpapier-rollen mit Löchern

11. Zuordnen mit Eier-kartons und Spateln

12. Malendes Auto

13. Der Sturm in der Flasche

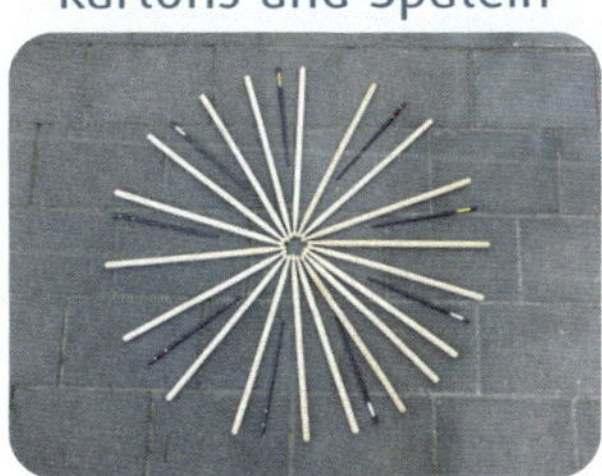
14. Essstäbchen und Trommelstöcke

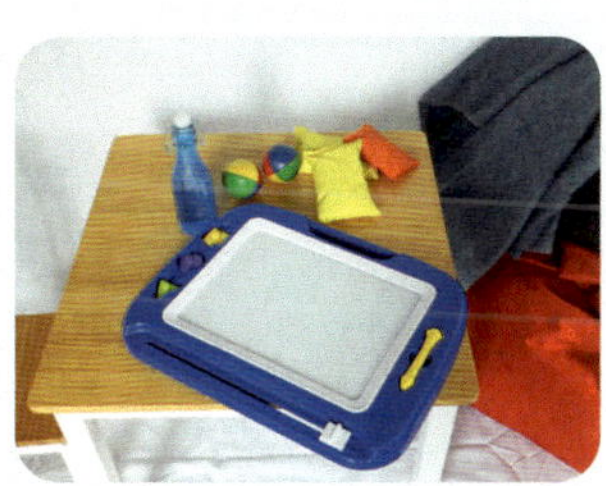
15. Gefühle-Raum

Fallbeispiel

	S. 19	Machtkampf- oder Kontrollphase
	S. 22	Wertschätzung
	S. 33	Aktiv-Passiv-Sein
	S. 24	Assoziatives Spiel
	S. 28	Gestaltungs- oder Konstruktionsspiel

Ben (5;1 Jahre) und Otto (4;8 Jahre) spielen im Konstruktionsbereich. Ben hat die Kiste mit Bausteinen geholt und sie hinter sich geschoben, sodass Otto nicht herankommt. Ben: „Otto, ich baue einen so hohen Turm, wie du es gar nicht kannst, und die Steine sind alle nur für mich." Otto reagiert nicht darauf und holt ebenfalls eine Kiste mit Bausteinen: „Ich habe ja selber viele Bausteine, Ben. Ich baue einen Turm, der noch viel größer ist." Er beginnt, seinen Turm zu bauen. Zwischendurch schaut Ben immer wieder, wie weit Otto ist. Er sieht, dass Otto fast alle Steine verbaut hat und der Bau von Otto schon höher ist als seiner. Ben setzt sich auf seine Kiste, holt seine Steine einzeln heraus und baut eifrig an seinem Turm.
Als Otto eine zweite Kiste mit Steinen holt, greift Ben die Steine, die Otto zuletzt verbaut hat, und legt sie in seine Kiste. Dabei stößt er an Ottos Turm, sodass dieser zusammenfällt. In diesem Augenblick kommt Otto zurück. „Mensch, Ben, du bist doch voll bescheuert, ich mache jetzt auch deinen Turm kaputt." Ben: „Das wollte ich doch nicht, Otto, ehrlich! Ich wollte nur ..." Otto schneidet ihm das Wort ab: „Ich mach deinen Turm jetzt auch kaputt. Mein Papa sagt, ich muss mich auch mal wehren!" Damit greift er den untersten Stein des Turmes von Ben, sodass sein Bauwerk zusammenbricht. Otto schaut Ben an: „So!" Ben beginnt, zu weinen: „Das wollte ich doch nicht, du bist doof!"

Interpretation

- Ben blockiert den Zugriff von Otto auf „seine" Kiste mit Bausteinen und fordert Otto heraus. Otto holt sich eine eigene Kiste mit Bausteinen und nimmt die Herausforderung von Ben an.
- Beide Kinder bauen eifrig und konzentriert an ihrem Türmchen, sie beobachten sich gegenseitig.
- Als Otto sich eine weitere Kiste mit Bausteinen holt, nimmt Ben Steine von Ottos Turm und dieser fällt dabei um.
- Otto „beschimpft" Ben, zerstört mit Absicht dessen Turm und lässt in dieser Phase Ben nicht zu Wort kommen. Dieser wollte sich erklären. In ihrer Emotionalität gelingt es ihnen nicht, die Situation zu klären (kein Verständigungsprozess). Der entstandene Konflikt wird durch gegenseitige Beschimpfungen der Jungen sehr deutlich, ein Einlenken ist nicht erkennbar.

FAZIT
In dieser angespannten Situation benötigen die Kinder eine Begleitung der Fachkraft durch Mediation. Eine Mediation erfolgt in der Regel in sechs Schritten und endet mit einer gemeinsamen Vereinbarung (siehe S. 35).

Handlungsstrategien

Raumgestaltung

Es gilt, viel Platz zu schaffen, um dem Gestaltungsspiel der Kinder Raum zu geben und Konflikte auf engem Raum dadurch nicht noch zu fördern. Bewegungsmöglichkeiten im Außengelände, der Turnhalle oder im Bewegungsraum sollten genutzt werden, damit die Kinder sich messen und ausprobieren können.

Material

Materialien, wie z. B. Konstruktionsmaterial, müssen in ausreichender Menge zur Verfügung stehen, um das Gestaltungsspiel zu unterstützen. Hier gilt: eher viel von einem Konstruktionsmaterial als wenig von vielen unterschiedlichen Baumaterialien. Ebenso befriedigen auch Spiele, wie Raufen oder Ringen nach Regeln, den Bewegungsdrang sehr aktiver Kinder.

Zeit

Die Fachkräfte nehmen sich auf der Grundlage von Beobachtungen Zeit für die Mediation und für bedürfnisorientierte Kommunikation (siehe S. 33), sodass die Kinder ihre Gefühle kennen und damit umzugehen lernen.

Impulse und Angebote

1. Leere Garnrollen

Alter: ab 2 Jahren
Bildungsbereiche: Feinmotorik, kognitive Entwicklung
Material: leere Garnrollen aus Holz in unterschiedlichen Größen, verschiedene Farben, Pinsel, evtl. Garnrollenhalter, Schnur oder Pfeifenputzer/Chenilledraht
für die Variante: langer Faden

Impuls/Angebot:
Die Garnrollen werden in den gewünschten Farben angemalt. Nach dem Trocknen können sie gerollt, gestapelt, sortiert oder Schnüre und Fäden aufgefädelt (siehe Foto) werden. Hier ist der Kreativität der Kinder keine Grenze gesetzt. Für jüngere Kinder, denen das Auffädeln mit einer dünnen Schnur noch schwerfällt, bietet es sich an, Pfeifenputzer zu verwenden.

Variante:
Wird ein langer Faden an eine große Garnrolle geknotet, rollt sich der Faden auf, wenn die Kinder die Rolle durch einen leichten Ruck zu sich ziehen. Hier müssen die Kinder ihre Kraft einschätzen und eine gute Auge-Hand-Koordination unter Beweis stellen. Die Kombination von der Bewegung der Rollen mit der „Masseträgheit" ist für Kinder faszinierend und motiviert zum Ausprobieren und zum Experimentieren: Wie schaffe ich es, die Schnur komplett auf die Rolle zu wickeln, ohne die Rolle selbst zu berühren? Wie halte ich die Schnur, damit es funktioniert? Kann ich die Schnur auch mit meinen Händen auf die Rolle wickeln? Selbstwirksamkeit, die Stärkung des Selbstwertgefühls und der Spaß stehen hier zusätzlich zur Motorik im Mittelpunkt.

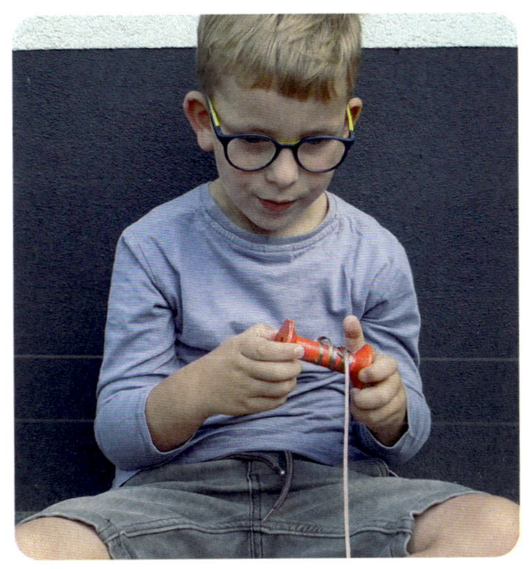

2. Leere Garnspulen

Alter: ab 2 Jahren, je nach Verwendungszweck
Bildungsbereiche: Feinmotorik, kognitive Entwicklung
Material: große, leere Garnspulen (günstig oder kostenlos bei Fabrikverkäufen textilverarbeitender Betriebe), evtl. Holzspieße und Murmeln

Impuls/Angebot:
Große, leere Garnspulen, wie sie u. a. in der Textilherstellung verwendet werden, sind eine interessante Erweiterung für das Spiel der Kinder. Sie können nicht nur zum Konstruieren eingesetzt werden, sondern lassen sich auch zum Drehen, Rollen, Legen, Sortieren und sogar für ein Geschicklichkeitsspiel verwenden. Hier werden lange Holzspieße durch die Löcher der Spulen gesteckt und oben auf die Spieße Murmeln gelegt. Nach und nach ziehen die Kinder die Spieße aus der Spule und sind gespannt, bei wem die Murmel zuerst fällt.

3. Ton, Lehm, Zaubersand & Co.

Alter: ab 2 Jahren
Bildungsbereiche: Feinmotorik, Sinneswahrnehmung
Material: Ton, Lehm, Zaubersand, Knete (siehe Rezepte im Downloadbereich)

Impuls/Angebot:
Modelliermassen in all ihren Konsistenzen und Farben sind eine spannende Wahrnehmungserfahrung. Sie auf der Haut zu spüren, sie zu kneten und in Form zu bringen, ist eine wunderbare Erfahrung für die Kinder. Hier eignen sich Ton, Lehm oder auch Modelliermassen, die gekauft, aber auch selbst hergestellt werden können.

Hinweis:
Zusammen mit den Modelliermassen lassen sich als Erweiterung verschiedene Materialien nutzen, wie z. B. Stöckchen, Steine, Löffel, Ausstecher, Teigrollen etc.

4. Golf-Tees

Alter: ab 4 Jahren
Bildungsbereiche: Feinmotorik, kognitive Entwicklung
Material: Golf-Tees, Steckmasse oder Knete; verschiedenes Kleinmaterial, das man auf die Tees legen kann, z. B. Bälle, Murmeln, Pompons; verschiedene Zangen
für die Variante: Pfeifenputzer/Chenilledraht, Perlen

Impuls/Angebot:
Golf-Tees sind den meisten Kindern wahrscheinlich nicht bekannt. Beim Golfen wird von den Tees aus der Golfball abgeschlagen. Als Impuls im freien Spiel lassen sie sich aber auch gut für andere Zwecke verwenden. Die Tees werden zunächst in eine Steckmasse oder in Knete gesteckt. Wird eine Blumensteckmasse verwendet, um die Tees zu platzieren, sollte die Masse ummantelt werden. Hier bietet sich Stoff, Klebefolie oder Papier an. Die Kinder versuchen dann, verschiedene Bälle, wie Golf- und Tischtennisbälle, oder Murmeln mit hierfür geeigneten Greifwerkzeugen, wie Pinzetten oder Zangen, auf die Tees zu legen. Ergänzend lassen sich die Bälle von klein nach groß sortieren und können weiter durch das unterschiedliche Anordnen der Golf-Tees in Knete und Steckmasse zu verschiedenen Mustern und Bildern kreativ gestaltet werden.

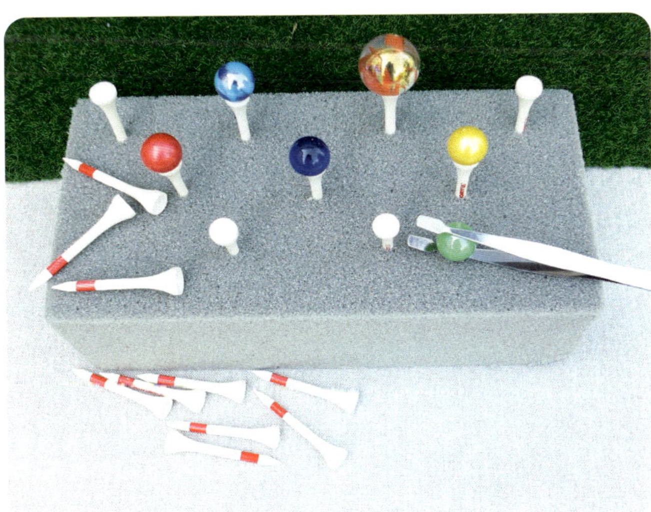

Variante:
Die Golf-Tees gibt es in verschiedenen Längen und Größen, was wiederum viele Varianten von Bildern und Mustern zulässt. In die Blumensteckmasse lassen sich auch Abschnitte von Pfeifenputzern stecken, wodurch die Kinder auf diesen Abschnitten verschiedene Farbkombinationen und Perlen aufreihen und sortieren können.

5. Bingochips

Alter: ab 3 Jahren (ab 2 Jahren, wenn die Chips in einem geschlossenen Kunststoffbehälter angeboten werden)
Bildungsbereiche: Feinmotorik, kognitive Entwicklung
Material: Bingochips mit Metallrand (aus dem Internethandel oder dem Spielwarengeschäft); Magnet, z. B. Stabmagnet; durchsichtiges, eventuell bruchsicheres Gefäß mit Wasser (Kunststoffflasche, Einmachglas etc.)

Impuls/Angebot:
Bingochips lassen sich für vielfältige Spielideen nutzen. Werden sie in ein Gefäß mit Wasser gegeben, können sie von außen mit einem Magnet in verschiedene Richtungen bewegt werden (siehe Fotos).

Bingochips in unterschiedlichen Farben laden zum Sortieren oder Stapeln ein und dienen als Legematerial. Sie eignen sich ebenfalls gut für Übungen zum Schütten und Stecken in verschiedene Behälter oder Spardosen.

6. Fliesenkreuze und Trinkhalme

Alter:	ab 4 Jahren
Bildungsbereiche:	Feinmotorik, kognitive Entwicklung, Auge-Hand-Koordination
Material:	farbige Trinkhalme zum Gestalten; passende Fliesenkreuze, die in die Trinkhalm-Enden gesteckt werden können; Abschnitte von Pfeifenputzern/Chenilledraht

Impuls/Angebot:
Die Fliesenkreuzecken werden in die Trinkhalme gesteckt, damit diese sich zu Gebilden verbinden lassen.

Bauen Kinder dreidimensionale Objekte, so stecken sie zu den Kreuzen noch Pfeifenputzer-Abschnitte in die Halme, die sie entsprechend biegen können (siehe Foto). Hier sind Fantasie und Vorstellungsvermögen gefragt. Da es keine leichte kognitive Aufgabe ist, ein Objekt dreidimensional entstehen zu lassen, ist das Ergebnis umso schöner und kreativ.

Variante:
Die Utensilien lassen sich auch gut einzeln als Lege- oder Schüttmaterial verwenden.

7. Acryl- und Plexiglas

Alter: ab 3 Jahren
Bildungsbereiche: Feinmotorik, kognitive Entwicklung
Material: fluoreszierendes Acryl- oder auch Plexiglas in unterschiedlichen Formen, Stärken und Farben

Impuls/Angebot:
Acryl- oder auch Plexiglas gibt es in unterschiedlichen Formen, Stärken, Farben und sogar fluoreszierend. Es lässt sich auf verschiedenen Internetseiten bestellen und in den gewünschten Formen zuschneiden oder schon fertig kaufen. Auch Stangen aus Acrylglas, die den Kindern als Säulen/Zylinder erweiternd angeboten werden können, sind käuflich zu erwerben. Das Material kann sowohl solitär wie auch als Ergänzung mit „herkömmlichen" Konstruktionsmaterialien genutzt werden. Hierfür eignet sich besonders das fluoreszierende Acryl-Plexiglas.

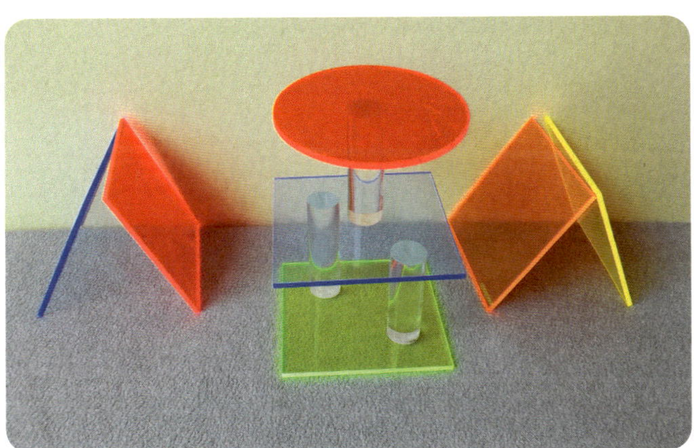

Variante:
Ganz besondere Effekte lassen sich am Fenster eines lichtdurchfluteten Raumes oder mithilfe einer Taschenlampe erzielen. Die Kinder lassen das Glas aufleuchten, experimentieren mit den entstehenden Lichtpunkten, wenn das Licht durch das Glas fällt, oder bauen mit den Materialien, die im Licht magisch wirken.

Hinweis:
In Kombination mit einem Lichttisch oder Leuchttablett kommen die Farben oder die fluoreszierenden Eigenschaften des Materials noch einmal besser zur Geltung.

8. Luftpumpen

Alter: ab 2 Jahren
Bildungsbereiche: Sinneswahrnehmung, Grob-Fein-Motorik, kognitive Entwicklung
Material: unterschiedliche Luftpumpen, wie kleine Ballpumpe ohne Adapter/Nadel, Luftballonpumpe, Fahrradpumpe; evtl. leichte Gegenstände zum Wegpusten, wie Watte, Papierschnipsel, Tischtennisbälle etc.

Impuls/Angebot:
Die Funktion der verschiedenen Pumpen fasziniert Kinder. Die Kinder stellen fest, dass die Luft ihre Haare, aber auch leichte Materialien, wie Watte, Tischtennisbälle, Papierschnipsel oder Stoff, bewegt.

Wie fühlt sich die Luft an, wenn sie meine Haut berührt? Warum fühlt sich die Luft auf feuchter Haut kälter an als auf trockener? Wo saugt die Pumpe die Luft an und wo kommt sie wieder heraus? Die Fragen bei der Wahrnehmung von Luftströmen können gemeinsam geklärt werden.

Die Kinder versuchen, den Luftstrom so zu steuern, dass die Materialien in eine bestimmte Richtung oder zu einem bestimmten Ziel geleitet werden können. Wettspielimpulse (z. B.: „Wer pustet die Watte am weitesten?", „Wer schafft es, das Chiffontuch mit der Pumpe am längsten in der Luft zu halten?" oder „Wem gelingt es, den Tischtennisball zuerst durch das Tor aus Bauklötzen zu pusten?") sprechen nicht nur den taktilen Sinn, sondern auch die Feinmotorik und die Auge-Hand-Koordination an.

Varianten:
Das Funktionsprinzip der Luftpumpe ist kostenlos auf der Internetseite der „Sendung mit der Maus" als leicht verständliche Sachgeschichte zum Thema zu sehen und kann so mit den Kindern anschaulich vertieft werden.

9. Ballsammler

Alter:	ab 3 Jahren
Bildungsbereiche:	Feinmotorik, kognitive Entwicklung
Material:	Ballsammler

Impuls/Angebot:
Ballsammler, auch Ballröhren genannt, eignen sich dazu, verschiedene Arten von Bällen aufzusammeln, ohne sich bücken zu müssen. Die Technik, die hinter der Nutzung der Röhren steckt, finden Kinder anregend: Die Bälle stapeln sich in der Röhre, die sich oft per Knopfdruck schnell wieder entleeren lässt. Diese Röhren sind durchsichtig, sodass man die gesammelten Bälle sehen, zählen und die Höhen vergleichen kann, was das mathematische Grundverständnis schult. Zudem ist es nicht so einfach, die Bälle so genau zu treffen, dass sie in die Öffnung der Röhre passen. Hier ist feinmotorisches Geschick und eine gute Auge-Hand-Koordination gefragt.

Variante:
Die Röhre gibt es für verschiedene Arten von Bällen, wie Tischtennis-, Golf- oder Tennisbälle. Spielerisch versuchen die Kinder, ihre Röhren schneller zu füllen als die Mitspielenden. Zur Nutzung eignen sich gut hohle Golfübungsbälle mit Löchern, da sie nicht so schwer sind. Sie lassen sich gut einsammeln und können auch anderweitig verwendet werden, wie zum Durchstecken von Stäben, Bändern, Pfeifenputzern/Chenilledraht und Trinkhalmen.

10. Toilettenpapierrollen mit Löchern

Alter: ab 4 Jahren
Bildungsbereiche: kognitive Entwicklung, Feinmotorik
Material: Toilettenpapierrollen, Pinsel, Farbe, Locher oder Lochzange, Trinkhalme, Pfeifenputzer/Chenilledraht, evtl. Wackelaugen, Stifte, Pailletten, Kleber etc. zum Verzieren der bemalten Rollen

Impuls/Angebot:
Die Toilettenpapierrollen werden in einer gewünschten Farbe angemalt und getrocknet. Nun werden an unterschiedlichen Stellen mit dem Locher oder der Lochzange Löcher gesetzt.
Schneiden die Kinder die Rollen in unterschiedliche Längen, entstehen durch das Stecken mit Trinkhalmen und Pfeifenputzern fantasiereiche Gebilde (siehe Foto). Zusätzliches Kleinmaterial, wie Wackelaugen, Stifte, Pailletten, Kleber etc., lassen Figuren entstehen. Durch dieses Baukastenprinzip können diese Figuren immer wieder umgestaltet und auch zum Rollenspiel genutzt werden.

> **Hinweis:**
> Es sollte darauf geachtet werden, die Löcher in den Rollen dem Durchmesser der Trinkhalme anzupassen.

11. Zuordnen mit Eierkartons und Spateln

Alter: ab 2 Jahren
Bildungsbereiche: Feinmotorik, kognitive Entwicklung
Material: Eierkarton, unterschiedliche Farben, Pinsel, Holzspatel, Messer, evtl. eine Schale zum Ablegen der Spatel

Impuls/Angebot:
Der Eierkarton wird von der Unterseite in verschiedenen Farben angemalt (siehe Foto). Passend dazu, gibt es je einen Spatel in der entsprechenden Farbe. Mit einem Messer oder einem anderen passenden Werkzeug machen die Fachkräfte einen Schlitz in jede Farbe des Kartons, sodass genau ein Spatel hineinpasst. Die Kinder ordnen die Spatel der passenden Farbe des Eierkartons zu. Sie müssen genau hinschauen, um die passende Farbe zu finden.
Der Impuls kann auch angepasst werden, indem anstatt verschiedener Farben z. B. geometrische Figuren auf die Spatel und den Karton gemalt werden. Hier sortieren die Kinder dann Kreis zu Kreis oder Dreieck zu Dreieck.

Variante:
Je nachdem, wie unterschiedlich die Farbtöne gestaltet werden, variiert der Schwierigkeitsgrad. Es könnte z. B. eine Farbe wie Rot mehrfach mit Weiß aufgehellt werden. So müssen die Kinder genau hinschauen und ausprobieren, welcher Rotton wirklich zu dem Spatel passt – kognitiv eine herausfordernde Aufgabe.

12. Malendes Auto

Alter: ab 2 Jahren
Bildungsbereiche: Feinmotorik, kognitive Entwicklung
Material: Spielzeugautos aus Holz, Bohrer, Filzstifte oder weiche Buntstifte/ Wachsmalstifte in verschiedenen Farben, Haushaltsgummis, lange Papierbahn
für die Variante: Klebeband

Impuls/Angebot:
Durch das Dach eines Spielzeugautos wird ein Loch gebohrt, das etwa 1–2 mm größer sein sollte als der verwendete Stift. Jetzt wird der Stift durch das Loch gesteckt. Damit er beim Hochnehmen des Autos nicht durchrutscht, wird er mit einem Haushaltsgummi befestigt.
Nun bewegen die Kinder das Auto über eine Papierbahn, sodass es dort Spuren hinterlässt. Es entsteht ein buntes Durcheinander von Mustern und Wegen, je nachdem, ob das Auto gezielt bewegt oder vielleicht zwischen zwei Kindern hin- und hergerollt wird.

Variante:
Von den Fachkräften können Spuren auf der Papierbahn vorgezeichnet werden, die dann mit dem Auto abgefahren werden. Natürlich denken sich die Kinder auch gerne selbst Muster und geometrische Figuren aus.

> **Hinweis:**
> Soll das Auto am Heck nicht durchbohrt werden, wird der Stift mit Klebeband befestigt.

13. Der Sturm in der Flasche

Alter: ab 3 Jahren
Bildungsbereiche: Sprache, Kommunikation, sozial-emotionale Entwicklung, Sinneswahrnehmung
Material: leere Kunststoffflaschen, evtl. auch Glasflaschen oder Einmachgläser, Wasser, Glyzerin (aus der Apotheke), Kleinmaterialien, wie z. B. Pailletten, Perlen, Glitzer, Bänder; Lebensmittelfarbe, evtl. Flüssigkleber

Impuls/Angebot:
Eine leere Kunststoffflasche wird im Verhältnis 1:1 mit warmem Wasser und Glyzerin gefüllt (bei einer 500-ml-Flasche 250 ml Wasser und 250 ml Glyzerin). Die Flasche sollte nicht bis zum Rand befüllt werden, damit noch Glitzer/Glitter oder nach Wunsch etwas Lebensmittelfarbe hinzugegeben werden kann. Zur Sicherheit, damit die Flasche sich nicht versehentlich öffnet, kann der Verschluss nach dem Befüllen mit Flüssigkleber fixiert werden.
Wird die Flasche geschüttelt, bewegt sich das Material und schwebt in der Flüssigkeit. Dies zu beobachten, fasziniert die Kinder und wirkt auf sie beruhigend.
Der „Sturm in der Flasche" kann bei Stärkung der sozial-emotionalen Kompetenz ein zusätzlicher Baustein sein.

Er steht als Synonym für den Abbau von Spannungen. Der Sturm entsteht genauso wie das Gefühl des Kindes. Langsam beobachtet das Kind, wie sich der Sturm in der Flasche beruhigt, da die Kleinmaterialien zu Boden sinken. Genauso beruhigen sich mit der Zeit die Gefühle des Kindes und es kann dadurch zur inneren Ruhe gelangen.

Variante:
Destilliertes Wasser eignet sich besonders gut zum Befüllen der Flasche, da es keine Mineralien (Kalkränder) mehr enthält, die sich absetzen können. Wird zusätzlich Glyzerin in das Wasser gegeben, sinken die Kleinmaterialien nicht so schnell ab, sondern „schweben" länger im Wasser. Beim Befüllen der Flasche löst sich in warmem Wasser das Glyzerin leichter auf.
Wird das Thema „Gefühle und der Umgang damit" mit den Kindern bearbeitet, ist der „Sturm in der Flasche" als Einstieg oder Abschluss einer Aktivität sehr geeignet!

Hinweis:
Der Impuls ist ähnlich den „Entdeckerflaschen", die im U3-Bereich eingesetzt werden.

14. Essstäbchen und Trommelstöcke

Alter:	ab 4 Jahren
Bildungsbereiche:	Feinmotorik, kognitive Entwicklung, sozial-emotionale Entwicklung, Sinneswahrnehmung
Material:	Essstäbchen, Trommelstöcke; kleine, weiche Bälle; evtl. Gymnastikbälle und Gymnastikballschale, Kissen, Teppichfliesen
für die Variante:	Tücher, Steine, Stöcke etc.

Impuls/Angebot:
Die meisten Kinder lieben es, zu trommeln, die Vibrationen und den Rhythmus zu spüren und sich dabei so richtig „auszutoben". Dies dient auch dem emotionalen Spannungsabbau. Bei Mangel an Trommeln sind Bälle und statt Trommelstöcken Essstäbchen eine gute Alternative. Die Kinder setzen sich auf den Boden, klemmen einen kleinen, weichen Ball zwischen ihre Beine und schlagen mit den Essstäbchen darauf. Die „große Variante" wären Gymnastikbälle und Trommelstöcke. Diese werden mit einer Gymnastikballschale am Wegrollen gehindert. Mit den Trommelstöcken können die Kinder auch auf ein Kissen oder Teppichfliesen trommeln.

Durch die verschiedenen Materialien (Bälle, Kissen, Teppichfliesen, evtl. Stühle etc.) entstehen unterschiedliche Klänge und auch die Widerstände der Materialien beim Trommeln sind unterschiedlich und erfordern einen anderen Krafteinsatz.

Variante:
Essstäbchen und Trommelstöcke eignen sich auch als Legematerial. Aus einer erhöhten Position betrachtet (Stuhl, Sprossenwand, Turnkasten, Tisch, Leiter), erhalten die Kinder einen ganz anderen Draufblick auf ihr Gelegtes. Zusätzlich können verschiedene Materialien, wie Tücher, Steine, Stöcke etc., ergänzend einbezogen werden.

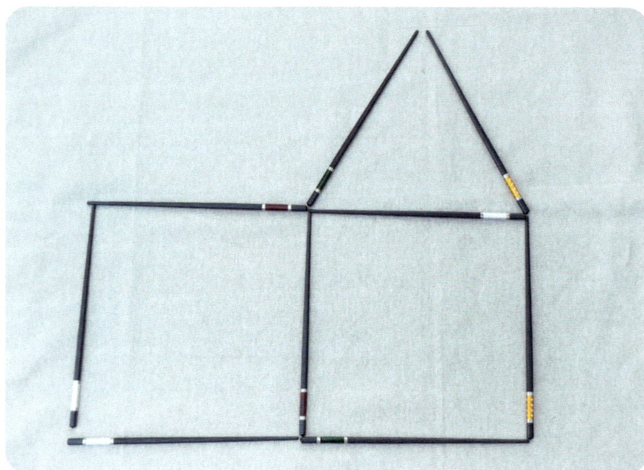

15. Gefühle-Raum

Alter: ab 3 Jahren
Bildungsbereiche: Sprache, Kommunikation, sozial-emotionale Entwicklung, Sinneswahrnehmung
Material: freier Raum oder freie Ecke, Materialien zur Gestaltung (siehe unten)

Impuls/Angebot:
Kinder brauchen Gelegenheiten und manchmal auch die Unterstützung der Fachkräfte, um ihre Gefühle kennenzulernen und mit ihnen umzugehen. Alle Gefühle haben Platz und eine Berechtigung im Leben der Kinder, doch der richtige Umgang mit ihnen erfordert verschiedene Kompetenzen, die sich erst im Laufe des Lebens entwickeln. Hier kann ein Gefühle-Raum oder eine Gefühle-Ecke dabei helfen, dass Gefühle wahr- und ernst genommen und alternative Reaktionen auf Gefühle aufgezeigt werden. Dabei wird nicht nur auf das Symptom reagiert, wie es sich aus einem Gefühl, z. B. einem Wutausbruch, ergibt, sondern auch auf Ursachen und Strategien zur Regulation geschaut. Hilfestellung und Begleitung, aber auch Ruhe und Freiraum sind hier möglich.
Die Kinder sollten helfen, den Ort selbst einzurichten, sodass sie sich in ihm ernst genommen und selbstbestimmt fühlen. Was hilft den Kindern bei Gefühlen wie Freude, Wut oder Trauer? Was brauchen sie, um diese auszuleben, mit ihnen umzugehen oder sie zu regulieren?

Gestaltungsmöglichkeiten:
- Sitzsäcke, Kissen, Decken
- Materialien, um Höhlen und Buden als Rückzugsort bauen zu können
- Kuscheltiere und Handpuppen zum Schmusen, „Reden" und Trösten
- Papier zum Zerreißen, Kissen zum Werfen, einen Boxsack zum Boxen
- Staffelei oder Whiteboard zum Kritzeln
- Anti-Stress-Spielzeug, wie Fidget Spinner, Knautschbälle, Kreisel, Geduldsspiele, Plopperspielzeug, „Sturm in der Flasche" (siehe S. 64)
- Musik oder Hörspiele mit Abspielgerät
- Chiffontücher, Lichtorgel oder dimmbare Lampen

Alle Materialien müssen auf Sicherheit, Nutzen und Bedürfnisse der Kinder hin überprüft werden. Darüber hinaus entwickeln die Kinder noch andere Ideen, was gerade ihnen hilft und wie sie diesen Ort gern einrichten würden.

Hinweis:
Je nach Entwicklungsstand, Alter und Situation kann der Raum von den Kindern allein oder begleitet genutzt werden. Er wird nicht als Strafe gesehen oder eingesetzt, sondern als Chance und Hilfe, seine Gefühle zu regulieren, mit ihnen umzugehen und sie zu verstehen. Der Gefühle-Raum bietet einen Rückzugsort, den die Kinder aus eigenem Antrieb und aus einem eigenen Bedürfnis heraus aufsuchen. Er soll dem negativen Image mancher Gefühle, wie Wut, Angst oder Trauer, entgegenwirken, denn jedes Gefühl gehört zum Leben dazu.

Fallbeispiel 3: Das Fußballspiel

Impulse und Angebote

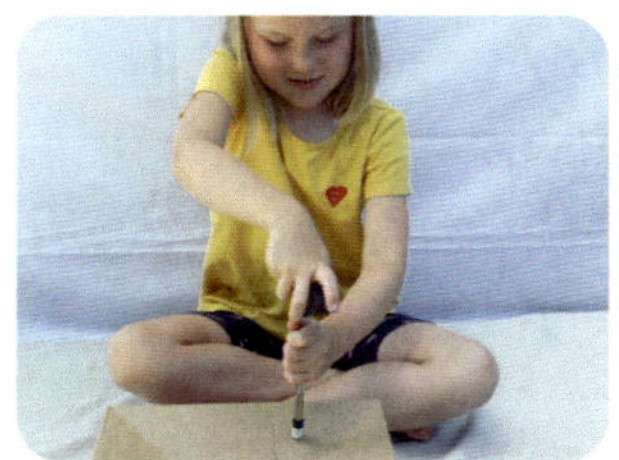
1. Versandkarton und Gipskartondübel

2. Musterstoffe

3. Materialien von Gesellschaftsspielen

4. Ecken- und Kantenschutz

5. In Vertiefungen sortieren

6. Handlauf als Murmelbahn

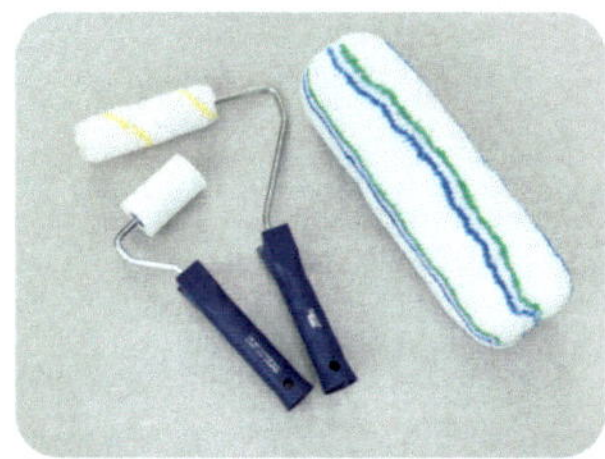
7. Farbroller

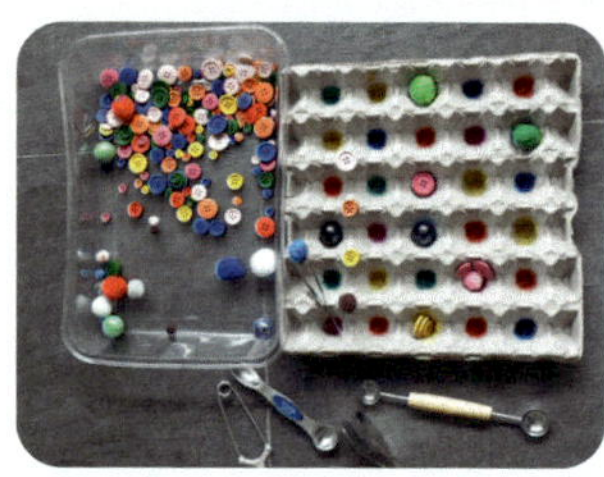
8. Eierpappen

9. Die narrative Sandwanne

10. Verpackungschips

11. Schwämme

12. Bauhof und Baustelle

13. Pillendöschen

14. Kronkorkenbaum

15. Steine, Steine, Steine

Fallbeispiel

	S. 19	Vertrautheits- oder Wir-Phase
	S. 22	Selbstverwirklichung
	S. 33	Aktiv-Passiv-Sein
	S. 24	Gemeinsames, organisiertes Spiel
	S. 28	Gestaltungs- oder Konstruktionsspiel

Luca (5;3 Jahre), Mira (5;5 Jahre), Maurice (5 Jahre) und Emilio (5;7 Jahre) spielen in der Turnhalle Fußball. Sie haben zwei Mannschaften gebildet. Mira und Maurice und Luca und Emilio sind jeweils eine Mannschaft. Mira schießt ein Tor und läuft jubelnd durch die Halle: „Tor, Tor, Tor!" Luca und Emilio beschweren sich: „Das war kein Tor, das war Abseits." Mira entgegnet: „Doch war das ein Tor, ich habe von hier geschossen!" Dabei zeigt er auf eine Linie am Boden. Emilio: „Nein, du hast gar nicht da gestanden, sondern hier." Er zeigt auf eine andere Linie. Die Diskussion wird immer lauter und heftiger. Ein Argument folgt dem nächsten.
Maurice schlägt vor: „Wir könnten doch ein Elfmeterschießen machen, dann wüssten wir genau, ob es ein Tor war."
In diesem Augenblick kommt die Fachkraft in die Halle. „Was ist denn hier los? Also wenn ihr euch hier nur streitet, dann könnt ihr halt nicht in der Halle spielen. Gebt mir den Ball, heute ist Schluss mit Fußball. Sucht euch in der Gruppe was zu spielen!" Die Kinder beschweren sich: „Aber wir hatten doch ..." Die Fachkraft schneidet ihnen das Wort ab. „Ich will jetzt nicht mit euch diskutieren." Die Fachkraft schließt den Ball weg und geht wieder in die Gruppe. Die Kinder folgen ihr leise murrend.

Interpretation

- Die Kindergruppe hat zwei gleich starke Mannschaften gebildet, die Fußball spielen.
- Luca und Emilio fechten ein Tor von Mira an. Sie behaupten, es sei Abseits, somit sei das Tor ungültig. Alle Kinder tauschen sich schließlich zu der Schussposition aus. Es erfolgt eine heftige Diskussion, die zwar lautstark, aber nicht in unangemessener Weise ausgetragen wird, da die Kinder sich nicht körperlich oder sprachlich attackieren.
- Letztendlich schlägt Maurice vor, ein Elfmeterschießen zu machen. Er erkennt, dass der Konflikt nicht zu lösen ist, da die Kinder unterschiedliche Wahrnehmungen zur Position des Torschützen haben. Sein Vorschlag zielt darauf, eine Entscheidung zum Spielstand ermitteln zu können.
- Die Fachkraft greift in diesem Moment ein, ohne den Konfliktverlauf beobachtet zu haben. Mit dem Wissen um die Phase im Gruppenprozess handelt sie an dieser Stelle nicht angemessen. Sie lässt den Kindern nicht die Möglichkeit, ihre Meinungsverschiedenheit eigenständig zu lösen, die Anbahnung des Kompromissvorschlages von Maurice registriert sie nicht. Auch der Versuch der Kinder, ihr die Situation zu erklären, wird abgeschmettert.
- Der Ball wird den Kindern weggenommen und sie werden in den Gruppenraum geschickt. Die Kinder nehmen das missgestimmt hin.

FAZIT
Die Fachkraft hätte die Diskussion der Kinder zunächst intensiver beobachten müssen. Aufgrund ihrer Kenntnisse zum Gruppenprozess hätte sie ableiten können, dass die Kinder in der Lage sind, die Konflikte zu lösen, zumal Maurice einen deutlich erkennbaren Ansatz zur Lösung des Konflikts aufzeigt. Ein Eingreifen der Fachkraft in diese Situation ist

aus pädagogischer Sicht nicht erforderlich. Die Fachkraft verhält sich unprofessionell, da sie in ihrem Handeln nur von ihrer Einstellung geleitet wird und Konflikte als stressig erlebt. Sie gibt den Kindern nicht die Möglichkeit, ihre Fähigkeiten zur Konfliktlösung anzuwenden und zu erweitern, und verhindert dadurch auch die Weiterentwicklung der Kinder.
Ihre Entscheidung, das Spiel in der Halle zu unterbinden, steht nicht im Zusammenhang mit dem Konflikt. Den Kindern wird ihre Entscheidung nicht einsichtig erscheinen, dies zeigt sich auch in der Erwiderung der Kinder. Hier wird erkennbar, dass die Fachkraft keine wirkliche Auseinandersetzung mit den Kindern und ihren Interessen verfolgt. Sie schneidet ein Gespräch ab. Die Fachkraft hätte den Situationsverlauf lediglich beobachten müssen.

Handlungsstrategien

Raumgestaltung

Die Kinder benötigen Raum und Orte in der Kita, die auch unbeobachtete Momente und Rückzugsmöglichkeiten zulassen. Platz wird immer benötigt, um in Gruppen mit mehreren Kindern aktiv zu sein. Um ihre eigenen Ideen umsetzen zu können, bietet sich z. B. ein großer Teppich, der Bewegungsraum oder aber auch Ecken, Nischen an, wozu natürlich ausreichend (Alltags-)Material vorhanden sein muss, was viel Gestaltungsfreiraum lässt, z. B. Naturmaterialien, Bauklötze, Papier etc.

Material

Vielfältige Alltagsmaterialien und Materialien, die umfassenden Gestaltungsfreiraum lassen, wie Papier, Naturmaterialien etc., sind nicht nur auf eine Funktion festgelegt, sondern können von den Kindern an ihre Spielbedürfnisse und Ideen angepasst werden. Materialien müssen in ausreichender Zahl vorhanden sein und von vielen Kindern gemeinsam genutzt werden können.

Zeit

Die Fachkraft sollte sich in erzieherischer Zurückhaltung üben, d. h. sich Zeit für Beobachtungen nehmen und ein zu frühes Eingreifen vermeiden. Nur so gibt sie den Kindern Gelegenheit, Konflikte, Probleme und schwierige Situationen selbst zu lösen. Sollte aufgrund von Beobachtungen abzusehen sein, dass die Kinder Unterstützung benötigen, kann die Fachkraft immer noch eingreifen, z. B. mithilfe der Mediation (siehe S. 35).

Impulse und Angebote

1. Versandkarton und Gipskartondübel

Alter:	ab 4 Jahren
Bildungsbereiche:	kognitive Entwicklung, Feinmotorik
Material:	Wellkartonabschnitte, Versandkartons in unterschiedlichen Abmessungen, selbstbohrende Gipskartondübel, Schraubendreher mit Aufsatz (Kreuzschlitz)
für die Variante:	Mini-Akkuschrauber

Impuls/Angebot:
Die Kinder legen in Eigenregie die Wellkartonabschnitte bzw. Versandkartons so zusammen, dass sie sich punktuell überlappen. Dann werden sie mithilfe der Dübel fest verbunden. So lassen sich leicht mehrere Kartons miteinander kombinieren, wodurch schnell große, zwei- oder dreidimensionale Gebilde entstehen, wie fantasievolle Roboter oder Gebäude, die anschließend noch bemalt oder beklebt werden können. Durch das relativ weiche, aber stabile Material Karton lassen sich die Dübel problemlos hinein- oder herausdrehen. Die Kinder lieben es, „Werkzeug der Erwachsenen" (Schraubendreher und Dübel) zu benutzen und in kurzer Zeit etwas entstehen zu lassen. Die Technik des Hinein- und auch wieder Herausdrehens zu verstehen, damit zu experimentieren und Karton so zu verbinden, ist sehr motivierend und schult Motorik, Vorstellungsvermögen und Kreativität.

Variante:
Mit Begleitung durch die Fachkräfte können die Kinder auch handliche Mini-Akkuschrauber mit einem entsprechenden Bit-Aufsatz verwenden. Dies bietet ihnen noch einmal eine Erweiterung des Impulses und fördert ihre Kompetenz im Umgang mit Werkzeug.

2. Musterstoffe

Alter: ab 2 Jahren
Bildungsbereiche: Sinneswahrnehmung, Feinmotorik, kognitive Entwicklung
Material: Muster- oder Reststoffe in verschiedenen Größen, Farben und mit verschiedenen Oberflächen; evtl. feste Pappe, Schere und Klebstoff

Impuls/Angebot:
Die Muster- oder Reststoffe lassen sich für viele kreative Gestaltungsmöglichkeiten verwenden. Werden diese zurechtgeschnitten und auf festen Karton geklebt, erhält man Fühl- oder Legekärtchen, die die Kinder zu Mustern arrangieren. Zusätzlich bieten die Stoffe je nach Oberfläche eine angenehme taktile Erfahrung. Sie eignen sich auch als Füllung für Tastkästen oder als Material für eine Taststraße. Auch ein Memoryspiel oder Tast-Memoryspiel lässt sich daraus herstellen.

3. Materialien von Gesellschaftsspielen

Alter: ab 3 Jahren
Bildungsbereiche: Feinmotorik, kognitive Entwicklung, Sprache, Kommunikation, sozial-emotionale Entwicklung
Material: verschiedene Utensilien aus „alten" Gesellschaftsspielen
für die Variante: „Vier gewinnt"-Spiel

Impuls/Angebot:
In verschiedenen Schränken, Regalen oder Kellern finden sich oft nicht mehr vollständige Gesellschaftsspiele. Entweder fehlt hier und da ein Spielzubehör oder es gibt Beschädigungen. Auch sind bestimmte Gesellschaftsspiele noch nicht für Kinder im Kita-Alter geeignet oder die Kompetenzen, die die Kinder bei solchen Spielen erlernen sollen, lassen sich viel besser im freien Spiel erproben und verfestigen. Die verschiedenen Spielfiguren und Kleinmaterialien können sehr gut weiterverwendet werden!
Kinder lieben es, die unterschiedlichen Dinge zu untersuchen, zu sortieren und auszuprobieren. Schüttübungen, Legematerialien, Figuren oder Utensilien für Rollenspiele – all das findet sich in den Schachteln der Spiele. Dieses Potenzial sollte für das freie Spiel genutzt werden!

Variante:
Mit verschiedenen Würfeln und Spielsteinen können hohe Türme gebaut oder erste Erfahrungen im Umgang mit Zahlen und Farben gemacht werden. Kleine Spielfiguren laden dazu ein, sie für das freie Spiel zu nutzen. Die Spielsteine eines ausrangierten „Vier gewinnt"-Spiels etwa lassen sich durch selbst kreierte Spielsteine aus dicker Pappe ersetzen. Somit sind viele Farbvarianten, aber auch Symbole, Zahlen und Buchstaben auf den Steinen möglich.

4. Ecken- und Kantenschutz

Alter: ab 3 Jahren
Bildungsbereiche: Grob-Fein-Motorik, kognitive Entwicklung
Material: Ecken- oder Kantenschutz aus stabiler Pappe (kostenlos aus Fachgeschäften, die Großgeräte vertreiben; ggf. günstig aus dem Baumarkt); ergänzende Roll-Materialien, die zusammen mit dem Kantenschutz verwendet werden können, wie z. B. Murmeln, Jetons, Spielzeugautos etc.

Impuls/Angebot:
Die Kinder können den Ecken- und Kantenschutz sehr gut als „Murmelbahn-Ersatz" oder für andere kreative Ideen nutzen. Werden diese Papp-Profile an einen Hocker, ein Regal, ein Podest etc. gelehnt, lassen sich Materialien wie Murmeln, Jetons oder Bälle an dieser Schräge hinunterrollen. Werden zwei Kantenschutz-Pappen ineinandergelegt, entsteht eine „Rinne", in der Autos fahren oder Bälle gerollt werden können. Dabei sind Kreativität, Wissen um die Schwerkraft und vorausschauendes Denken gefragt, die die Kompetenzen im kognitiven Bereich erweitern.

Hinweis:
Mit wenig Aufwand (einem Holzbrett und zwei Dübeln) entsteht für die Bahn eine Halterung für die Standfestigkeit, sodass noch mehr kreative Spielmöglichkeiten ausprobiert werden können (siehe Foto).

5. In Vertiefungen sortieren

Alter: ab 3 Jahren
Bildungsbereiche: Feinmotorik, kognitive Entwicklung
Material: leere Joghurtbecher, Muffinformen, umgedrehte Flaschenverschlüsse o. Ä.; Kleinmaterialien, wie Muggelsteine, Spielchips, Bausteine, Trinkhalmabschnitte etc.
für die Variante: Pinzette, Löffel o. Ä.

Impuls/Angebot:
Auf den Boden leerer Joghurtbecher oder ähnlicher Behältnisse, wie z. B. einer Muffinform oder umgedrehter Flaschenverschlüsse, wird verschiedenfarbiges Tonpapier gelegt. Passend dazu, werden Kleinmaterialien, wie z. B. Muggelsteine, Spielchips, Bausteine etc., in der gleichen Farbe bereitgelegt. Die Kinder sortieren die Kleinmaterialien nach Farbe in die Behältnisse. Das Greifen und Sortieren der Steine sowie die Geräusche der in die Becher fallenden Steine und das Betrachten der verschiedenen Materialien motiviert Kinder und bereitet ihnen Freude.

Bestehen die Behältnisse aus verschiedenartigen Materialien, ergeben sich beim Sortieren auch unterschiedliche Geräusche. Wie klingt es, wenn ich einen Muggelstein in ein Glas oder in eine Metallschale fallen lasse? Gleichzeitig werden die Kinder dazu angeregt, weitere Spielvarianten zu entwickeln. Vielleicht sortieren sie mehrere Farben in einen Becher oder sie sortieren nach Material und nicht nach Farbe. Hier ist der Einfallsreichtum der Kinder gefragt.

Variante:
Auch können den Kindern Werkzeuge, wie Pinzetten oder Löffel, als Sortierhilfe angeboten werden. Lose Deckel von Schraubverschlussflaschen lassen sich generell gut sammeln und den Kindern für ihr freies Spiel zur Verfügung stellen. Die Verschlüsse eignen sich gut zum Legen und Sortieren in den verschiedensten Spielsituationen.

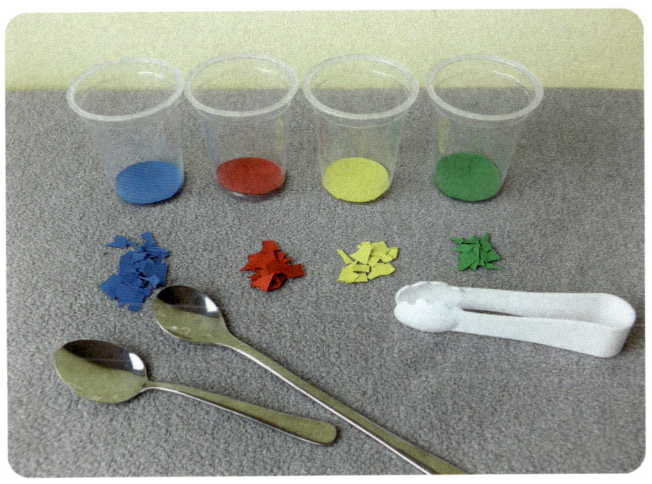

6. Handlauf als Murmelbahn

Alter: ab 3 Jahren
Bildungsbereiche: Grob-Fein-Motorik, kognitive Entwicklung
Material: PVC-Handlauf in der gewünschten Länge als Meterware, Murmeln; evtl. Tisch, Steine o. Ä. zur Erhöhung und zur weiteren Stabilisierung des Handlaufs

Impuls/Angebot:
Ein Handlauf eignet sich gut als Murmelbahn. Er wird in eine mit „badewannenwarmem" Wasser gefüllte Wäschewanne gelegt (siehe Foto). Nach kurzer Zeit ist der Handlauf so biegsam geworden, dass er in jede gewünschte Form gebogen werden kann. Ist er abgekühlt, behält er diese bei.
Das gerundete Profil verhindert bis zu einem bestimmten Gefälle bzw. einer bestimmten Kurvenneigung, dass die Kugel aus der Bahn rollt.

Besonders im Außenbereich lässt sich die Bahn gut einsetzen, sie ist aber auch für den Innenbereich geeignet. Die Kinder gestalten die Bahnformung bzw. den Bahnverlauf weitestgehend selbst. Sie müssen sich miteinander absprechen und notwendige Korrekturen der Bahn vornehmen, damit die Kugel nicht herausspringt. Diese Absprachen erfordern von ihnen vorausschauendes Denken wie auch Wissen über Naturgesetze (Schwerkraft, Fliehkraft). Hier werden viele Informationsverarbeitungsprozesse angestoßen, erlernt und gefestigt.

Variante:
Der Handlauf kann immer wieder im Wasser erwärmt und so in neuen Formen als Kugelbahn gelegt werden. Als Alternative kann er auch als Wasserrinne zum Spielen genutzt werden.

7. Farbroller

Alter: ab 2 Jahren
Bildungsbereiche: Grob-Fein-Motorik, kognitive Entwicklung
Material: Farbroller mit verschiedenen Bezügen, z. B. aus Lammfell oder Mikrofaser; evtl. Eimer/Wanne mit Wasser; je nach Verwendungszweck Noppenfolie, Papierbahn, Fingerfarbe

Impuls/Angebot:
Auf gepflasterten oder asphaltierten Flächen im Außenbereich lassen sich mit den Rollen Wasserspuren „zeichnen". Dieses Malwerkzeug wird von den Kindern ins Wasser getaucht und dann über den Boden gerollt.
Die dadurch entstehenden Muster und Figuren trocknen je nach Witterung und Saugfähigkeit des Untergrunds unterschiedlich schnell, was einen zusätzlichen Erkenntnisgewinn für die Kinder darstellt.
Mit Noppenfolie umwickelte Roller ergeben ein interessantes Muster auf den verschiedenen Untergründen.
Als Alternative kann auch mit Farbe auf großen Papierbahnen experimentiert werden.

Variante:
Ungenutzte, neue Farbroller lassen sich als Massage-utensil verwenden. Vorsichtig wird die Rolle bei den Kindern über Rücken, Arme oder Beine geführt. Je nach Bezug der Rolle entsteht für die Kinder eine andere taktile Erfahrung.

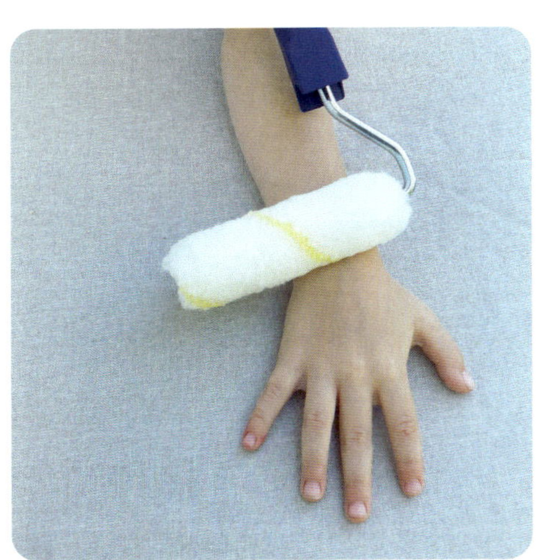

8. Eierpappen

Alter:	ab 3 Jahren
Bildungsbereiche:	Feinmotorik, kognitive Entwicklung
Material:	Eierpappen, Kleinmaterialien zum Sortieren, Tischtennisbälle, Pompons
für die Variante:	Wasserfarbe

Impuls/Angebot:
Eierpappen bieten vielfältige Spielmöglichkeiten für die Kinder. In die Vertiefungen können nicht nur verschiedene Kleingegenstände sortiert werden, sondern auch Tischtennisbälle oder Pompons. Durch das gezielte Anordnen der Bälle oder Pompons entstehen Muster und Bilder (siehe Foto).

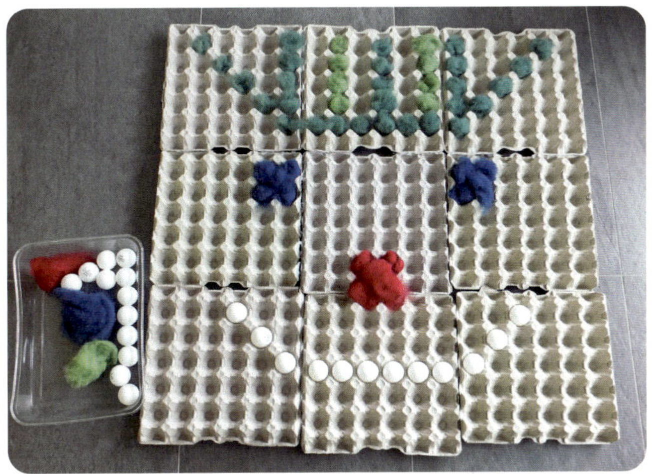

Von oben betrachtet, entfaltet es noch einmal eine ganz andere Wirkung, wenn mehrere Pappen aneinander-gelegt werden. Hierfür sollten die Kinder von einer Sitzerhöhung aus ihre „Gemälde" betrachten können.

Variante:
Werden die Vertiefungen der Eierpappen farbig ange-malt, können die Kinder auch farblich passende Gegen-stände hineinsortieren.

9. Die narrative Sandwanne

Alter: ab 3 Jahren, je nach Komplexität der Materialien und der Geschichte
Bildungsbereiche: Sinneswahrnehmung, Sprache, Kommunikation, sozial-emotionale Entwicklung
Material: Wanne, umgedrehter Kasten oder vertiefter Spieltisch; Spielsand; Spielmaterialien zur Ausgestaltung der Geschichte, wie Stöckchen, Steine, Spielfiguren, Schaufeln, Förmchen etc.

Impuls/Angebot:
Bei der narrativen Sandwanne, auch Landschaftsspieltisch genannt, handelt es sich um ein entsprechend großes Behältnis, das mit Sand gefüllt ist. Es enthält Figuren und Materialien, mit denen im Sand Spielszenen nachgestellt oder Geschichten nacherzählt werden können (siehe Foto).

Der Sand lässt sich z. B. zu Kulissen, wie Burgen oder Straßen, formen.
Gleichzeitig werden die Kinder kreativ, indem sie die Umgebung in der Sandwanne selbst gestalten. Materialien, wie Stöcke, Steine oder Figuren, tragen dazu bei, dass eine richtige Landschaft entsteht, die die Kinder zum Spielen anregt.
Hat die Fachkraft den Kindern bereits eine Geschichte erzählt und möchte das Thema noch weiter vertiefen, können die Kinder den Inhalt im freien Spiel nacherleben und weitere Erzählsequenzen zur Geschichte frei erfinden.

Hinweis:
Sand hat den Nachteil, dass er sich meist nur feucht gut formen lässt. Entweder wird der Sand dazu mit Wasser angefeuchtet oder es wird „Zaubersand“ genutzt. Dieser trocknet nicht aus und lässt sich dadurch gut formen. Es gibt ihn im Einzelhandel zu kaufen, auch kann er selbst hergestellt werden (siehe Rezepte im Downloadbereich).

Variante:
Bei einer wasserdichten Sandwanne kann der Sand auch durch Wasser ersetzt werden. Hier können Spielideen oder Spielhandlungen mit dem Element Wasser kreativ umgesetzt werden.

10. Verpackungschips

Alter: ab 3 Jahren
Bildungsbereiche: Sinneswahrnehmung, Grob-Fein-Motorik, kognitive Entwicklung
Material: Verpackungschips (Füllmaterial aus Stärke), feuchter Schwamm oder Tuch; Karton, Planschbecken oder Wäschewanne
für die Variante: Murmeln, Muggelsteine, Perlen, Astscheiben

Impuls/Angebot:
Mit Verpackungschips, die heute fast ausschließlich aus Stärke hergestellt werden, lassen sich vielfältige Spielideen umsetzen. Mit einem nassen Tuch oder Schwamm angefeuchtet, kleben sie aneinander und können zum Gestalten von Figuren genutzt werden.
Bei einer großen Anzahl von Chips lässt sich damit auch ein großer Karton oder ein Planschbecken füllen.
Die Kinder nutzen sie so als Alternative zum Bällebad.
Es ist eine anregende Sinneserfahrung, die Chips auf der Haut zu spüren, egal ob sie trocken oder angefeuchtet sind.

Variante:
In einer Wanne mit den Chips können Gegenstände, wie Murmeln, Muggelsteine, Perlen, Astscheiben etc., versteckt werden. Die Kinder finden es reizvoll, die Gegenstände unter den Chips zu suchen und wieder zum Vorschein zu bringen.

11. Schwämme

Alter: ab 3 Jahren
Bildungsbereiche: Feinmotorik, kognitive Entwicklung
Material: Schwämme in verschiedenen Formen und Farben

Impuls/Angebot:
Schwämme in unterschiedlichen Formen und Farben eignen sich u. a. als Lege- und Stapelmaterial. Sie können für verschiedene Verwendungszwecke auch problemlos zurechtgeschnitten und von den Kindern in fast allen Spielbereichen eingesetzt werden, etwa im Rollenspiel-, Bau-, Bewegungs- oder Kreativbereich.

Variante:
In Streifen geschnittene Spülschwämme können gut für Stapelspiele verwendet werden. Kinder können Wasser von A nach B transportieren, indem sie an einem Ort die Schwämme mit Wasser tränken und sie an einem anderen Ort ausdrücken. Der Wassertransport macht nicht nur an warmen Tagen im Außenbereich Spaß.

12. Bauhof und Baustelle

Alter: ab 2 Jahren, je nach Materialgröße

Bildungsbereiche: Sinneswahrnehmung, Sprache, Kommunikation, sozial-emotionale Entwicklung

Material: „Schüttmaterialien", wie z. B. Holzwolle, Hackschnitzel/Pinienrinde, Tierstreu, Eicheln, Nüsse/Nussschalen, Astscheiben, Konfetti, Luftschlangen, Ostergras oder Papierschnipsel aus dem Schredder, Dekomoos/Islandmoos, Verpackungschips, unterschiedliche Steine, Sand, Schrauben und Muttern (siehe Foto); verschiedene kleine Fahrzeuge, z. B. Kipplaster, Bagger, Schubkarre, Kran; evtl. Aktionswanne, vertiefter Spieltisch, Holzkiste, zur Abgrenzung Verkehrshütchen, Absperrband oder Bretter/Rahmen

Impuls/Angebot:
Je nach Entwicklungsstand der Kinder und der pädagogischen Intension der Fachkräfte wird eine Auswahl der oben genannten Materialien zur Verfügung gestellt. Das ausgewählte Schüttmaterial wird in eine Wanne oder Kiste oder auch in einen durch Bretter oder Rahmen etc. abgetrennten Bereich eingefüllt.

Die Kinder transportieren diese Materialien, schütten sie um und verteilen sie mit den verschiedenen Fahrzeugen. Das Geschehen auf solch einer Baustelle oder einem Bauhof bietet sich für ein kooperatives Rollenspiel an. Zusätzliche Wahrnehmungserfahrungen ergeben sich aus den unterschiedlichen Strukturen und der Beschaffenheit der Materialien, die auch Sinneserfahrungen, wie Riechen, Fühlen und Betrachten, mit anregen.

Variante:
Der Impuls eignet sich sowohl für den Außen- wie auch für den Innenbereich, wobei die Materialvorschläge den räumlichen Bedingungen angepasst werden müssen. So können die Kinder in einem abgegrenzten Bereich im Außengelände weitere Materialien in ihr Spiel mit einbeziehen und die größere Fläche nutzen.
Im Innenbereich kann der Impuls in einer Aktionswanne angeboten werden, z. B. eine Miniaturlandschaft in Form einer Baustelle oder eines Bauhofs.

13. Pillendöschen

Alter: ab 3 Jahren
Bildungsbereiche: Feinmotorik, kognitive Entwicklung
Material: verschiedene Pillen- oder Tablettendöschen; Kleinmaterial, wie z. B. Knöpfe, Perlen, Fliesenkreuze etc.

Impuls/Angebot:
Kinder lieben das Hantieren mit kleinen Dosen und Schachteln. Pillendöschen gibt es z. T. mit Wochentagsbeschriftungen, auch in verschiedenen Farben. Es gibt sie in Kreisform, mit Deckel zum Schieben, Drehen, Drücken oder Aufklappen. Einige kann man auch ineinanderstecken oder stapeln. Sie bieten den Kindern viele Möglichkeiten, die unterschiedlichen Öffnungsmechanismen zu entdecken. Mit entsprechendem Kleinmaterial befüllt, laden sie zum Sortieren und Legen ein – viel Potenzial, die feinmotorischen Kompetenzen zu erweitern.

14. Kronkorkenbaum

Alter: ab 3 Jahren
Bildungsbereiche: Feinmotorik, kognitive Entwicklung
Material: Baumscheibe, Aststück, Bohrer, Schraube, Säge, Leim, Flüssigkleber, magnetisches Kleinmaterial
für die Variante: Filz, Wolle, Bast, Pompons, Perlen, Pfeifenputzer/Chenilledraht

Impuls/Angebot:
Ein Kronkorkenbaum lässt sich leicht selbst herstellen und regt die Kinder dazu an, feinmotorische Kompetenzen zu erwerben.
Der Ast muss stabil auf einer Baumscheibe befestigt werden. Dazu wird er in ein passendes Bohrloch fest hineingesteckt. Eine weitere Möglichkeit ist eine Schraubverbindung von der Unterseite der Baumscheibe aus. Bei dickeren Zweigen kann der Ast auch auf die Scheibe geklebt werden.

Auf der oberen, glatten Schnittkante des Astes wird ein Magnet mit passendem Durchmesser aufgeklebt. Alternativ bieten sich Zweige mit Astgabeln an, die dann mehrere Magnete aufweisen. Nach dem Trocknen des Klebers kann der Baum weiter bearbeitet werden.
Die Kinder können mit Kronkorken, Magnetstäben und anderen magnetischen Kleinmaterialien experimentieren. Dadurch, dass diese Materialien an den Magneten haften bleiben, entsteht der Eindruck eines fantasievollen Baumes.

Variante:
Als einfach herzustellende Abwandlung kann ein kleiner Zweig in einen „Standfuß" aus einer Ton- oder Lehmmasse gesteckt werden. Nach ein bis zwei Tagen ist die Trocknung abgeschlossen und für die weitere Verwendung einsatzbereit. Anschließend kann der „Baum" mit Filz, Wolle, Pfeifenputzern, Bast, Pompons etc. umwickelt und verziert werden, z. B. mit entsprechend großen

Perlen. Die Kinder haben so ihren eigenen „Zauberbaum" kreiert, den sie nun für verschiedene Rollenspiele oder Geschichten verwenden können.

15. Steine, Steine, Steine

Alter: ab 4 Jahren
Bildungsbereiche: Feinmotorik, kognitive Entwicklung
Material: weiße, glatte Steine; verschiedene Farben oder Acrylstifte für das Bemalen von Steinen, evtl. Lack als zusätzlicher Witterungsschutz

Impuls/Angebot:
Die Steine werden gesäubert, getrocknet und mit den unterschiedlichen Farben angemalt. Als Orientierung bieten sich die Primär- bzw. Sekundärfarben an. Weiter können Farbabstufungen durch Aufhellung mit Grundweiß zur Differenzierung einer Farbe eingesetzt werden (siehe Foto).

Die Steine können auch im Rohzustand grundiert und dann individuell bemalt werden.

Die Kinder nutzen die Steine zum Legen oder Sortieren. Vielfältige geometrische Figuren, Zeichen oder Zahlen können einzeln oder gemeinsam erarbeitet und gelegt werden.
Auch „Steinstraßen" für Rollenspiele sind möglich, ebenso auch Steinmännchen, bunte Mustersteine oder „Steinglücksbringer".

Variante:
Über mehrere Steine hinweg wird ein deutliches, wiederkehrendes Muster, wie z. B. eine Straße, gemalt. Die logische Reihung der Steine als „Straßenführung", aber auch andere Muster oder Zahlenkombinationen schulen die Konzentration und das Vorstellungsvermögen der Kinder, denn sie müssen herausfinden, wie die Steine zusammengelegt werden müssen, damit das Muster oder die Straße wie bei einem Puzzle „sichtbar" wird.

Fallbeispiel 4: Der Turmbau

Impulse und Angebote

1. Jetons

2. Werkzeuge

3. Greifer

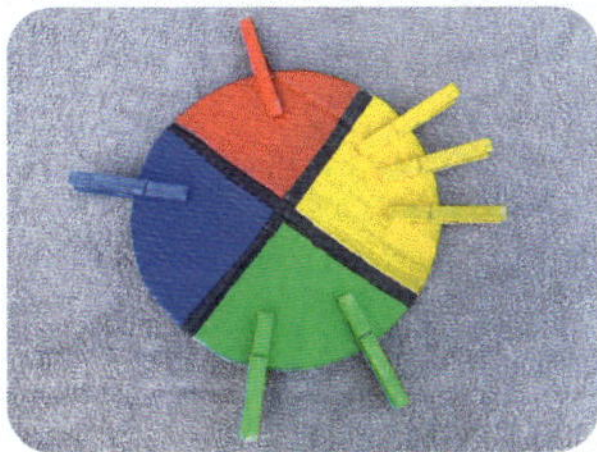
4. Farbzuordnung mit Wäscheklammern

5. Schlösser am Holzscheit

6. Geschichtensäckchen

7. Figurenschiene, Erzähltheater & Co.

8. Narrative Schachteln, Kisten und Koffer

9. Die narrative Wand

10. Klettverschluss-Geschichten

11. Bierdeckel-geschichten

12. Geschichtenwürfel oder Story Cubes

13. Streichholz-schachtel-Geschichten

14. Zauberlicht-Geschichten

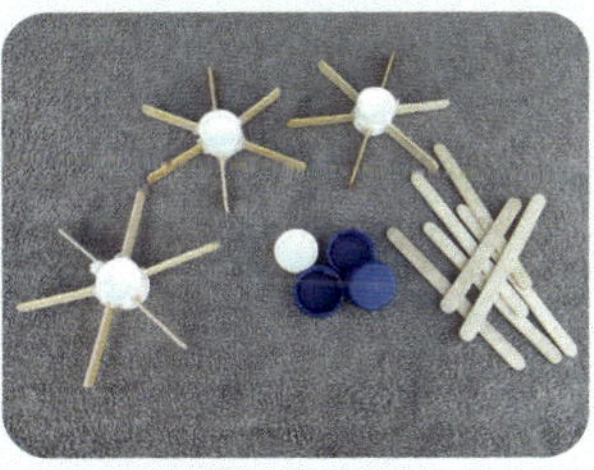
15. Zahnräder

Abb. der Impulse/Angebote 8./9./10./12./14. unter Verwendung von:
Piratenbilder/Krabbe © Vikeriya, Würfel-Foto © tomeqs, – beide Shutterstock.com

Fallbeispiel

	S. 19	Differenzierungsphase
	S. 22	Neue Erfahrungen
	S. 33	Aktiv-Passiv-Sein, Aktives Zuhören, Ich-Botschaften, sensitive Responsivität
	S. 24	Gemeinsames, organisiertes Spiel
	S. 28	Gestaltungs- oder Konstruktionsspiel

Die älteren Kinder Pia (6;1 Jahre), Meike (6;7 Jahre) und Jannis (6;8 Jahre) konstruieren gemeinsam im Gruppennebenraum hohe, turmähnliche Gebilde aus unterschiedlichen Holzbausteinen, die sie geschickt mit Seilen und Stangen als Brückenbauteile verbinden.
Die drei haben gerade die Leiter geholt, da der Turm bereits 1,50 m hoch ist und sie nicht mehr ohne Hilfsmittel weiterbauen können. Sie haben sich geeinigt, dass alle drei abwechselnd auf die Leiter steigen und eine Reihe Steine setzen. Die anderen zwei halten dabei die Leiter fest. Es entsteht ein regelrechter Wettbewerb, wie hoch der Turm sein wird, ohne zusammenzubrechen.
Plötzlich öffnet sich die Tür und die Fachkraft ruft: „Wir treffen uns in zehn Minuten zum Singen für das Fest mit euren Großeltern!" Meike stöhnt: „Schon wieder der Kreis für alle. Komm, wir tun so, als hören wir nichts!" Nach einiger Zeit schaut die Fachkraft erneut herein: „Na, die Herrschaften brauchen wohl wieder eine Extraeinladung? Kommt, wir machen es heute auch kurz, ihr seid ja angehende Schulkinder und kennt die Lieder schon. Ich brauche euch zur Unterstützung beim Singen, dann lernen die Jüngeren sie schneller".
Die Kinder zeigen wenig Interesse: „Immer müssen alle singen ...", sagt Jannis. Pia murrt: „Wir wollen lieber den Turm fertig bauen!"
Die Fachkraft unterbricht: „Ja, wenn ich es euch erlaube, dann wollen auch alle anderen Vorschulkinder nicht kommen. Also, los jetzt!"
Nachdem alle Kinder im Atrium versammelt sind, stimmt die Fachkraft das Elefantenlied an und macht dazu die entsprechenden Bewegungen. Die älteren Kinder stöhnen auf: „Boah, nee, nicht wieder dieses Lied!" Die Fachkraft entgegnet: „Ich will das nicht gehört haben! Schließlich freuen sich auch eure Großeltern auf den Nachmittag!"
Nachdem die Lieder gesungen sind, wünscht die Fachkraft den Kindern viel Spaß beim weiteren Spielen.

Interpretation

- Die älteren Kinder zeigen den deutlichen Wunsch nach Herausforderungen und neuen Erfahrungen. Die mangelnde Sensibilität der Fachkraft gegenüber deren Bedürfnis nach Wachstum wird deutlich, als sie die Kinder zum Singen auffordert. Meikes Äußerung veranschaulicht das Desinteresse dieser Kindergruppe sehr klar. Auch bei der Wahl des Liedes vom Elefanten äußern sie deutlich ihr Missfallen.
- Die Fachkraft missachtet die Interessen der älteren Kinder und maßregelt sie in moralischer Weise: „Schließlich freuen sich auch eure Großeltern!" Die Tätigkeit, die die Kinder bis eben ausgeführt haben, wird nicht berücksichtigt.
- Die Kinder haben sich sehr intensiv mit dem Bauen eines hohen Turmes auseinandergesetzt. Diese selbst gestellte Aufgabe erfordert ihre ganze Konzentration und zeigt Selbstbildungspotenziale. Auch versuchen sie, der Fachkraft ihr Anliegen, weiterbauen zu können, darzulegen. Deren Antwort, sie brauche die Älteren zur Unterstützung, veranschaulicht, dass hier nicht die Weiterentwicklung der Kinder im Vordergrund steht, sondern die Kinder lediglich zur Unterstützung der Jüngeren benötigt werden. Hier fehlt einfühlsames Antwortverhalten (sensitive Responsivität, siehe S. 36).

- Das Verhalten der Fachkraft verdeutlicht, dass diese das Spiel der Kinder nicht wertschätzt. Ebenso ist sie für die Kinder keine Ansprechpartnerin, da keine Präsenz erkennbar ist. Der Fachkraft fehlen hier elementare Techniken der Gesprächsführung, denn nur durch passives und aktives Zuhören, Sendung von Ich-Botschaften und sensitive Responsivität können Lernprozesse angeregt werden.

FAZIT
In dieser Situation wird die Aufgabe der Fachkraft, die Freispielzeit als Lebens- und Erfahrungsraum für die Kinder zu gestalten, nicht erfüllt. Hier müssen die Selbstbildungspotenziale und das Bedürfnis der Kinder nach neuen Erfahrungen und nach Wachstum stärker wahrgenommen werden durch entsprechende Impulse, z. B. durch zusätzliches Material, wie den Maßstab zum Messen der Höhe des Turmes. Das Spiel der Kinder auf dem Bauteppich könnte die Fachkraft parallel zum Gruppenkreis zulassen und wertschätzen („Ich bin gespannt, wie hoch der Turm wird!“) und als Zuschauerin andere Kinder mit einbeziehen.
Unterstützende Äußerungen gegenüber den Kindern im Nebenraum sind im Ansatz erkennbar („Kommt, wir machen es heute auch kurz ...“), werden aber sofort negiert. Partizipationsmöglichkeiten, z. B. „Welches Spiel möchtet ihr den Großeltern zeigen?“, werden nicht genutzt.
Durch die Einbeziehung der Kinder bei der Auswahl von Aktivitäten, z. B. Singen mit Einsatz von Instrumenten und verschiedene Spiele zum Großelterntag, bietet die Fachkraft ihnen emotionale Sicherheit, Zuwendung und zeigt Flexibilität in der pädagogischen Arbeit.

Handlungsstrategien

Raumgestaltung

Die Kinder benötigen viel Platz, um sich auszuprobieren und mit mehreren Kindern aktiv zu sein. Es ist wichtig, Kinder an der Raumgestaltung und der Umgestaltung zu beteiligen. Welchen Raum-/Platzbedarf haben sie gerade? Was ist gewünscht und was umsetzbar? Erst wenn Kinder an Entscheidungen partizipieren können, können sie sich selbstverwirklichen. Partizipation und das Bedürfnis nach Aktivitäten sollte schon in kleinen Kindergruppen unterstützt werden.

Material

„Werkzeug“ der Erwachsenen, das auch für Kinder geeignet ist, birgt einen großen Anreiz dazu, sich auszuprobieren und neue Ideen zu entwickeln. Das Interesse an den Dingen „der Großen“ ist zu berücksichtigen, denn so entstehen neue kreative Anregungen, die zu Experimenten ebenso wie zum Philosophieren („Was wäre, wenn ...?“) führen.
Kinder können auch bei der Spielzeugauswahl im Rahmen ihrer Möglichkeiten partizipieren und ihre Bedürfnisse, Wünsche und Interessen mit einbringen. Das Spielmaterial sollte möglichst variabel und flexibel sein. Das Erwachsenen-Werkzeug regt zum Nachahmen an und stärkt das Selbstbewusstsein. Kinder wollen Dinge selbst erproben, sie sind intrinsisch motiviert und stolz auf das, was sie mit den Werkzeugen geschaffen haben.

Zeit

Die Fachkraft braucht Zeit zur Beobachtung. Durch eine wertschätzende Gesprächsführung und durch die Beteiligung der Kinder an Entscheidungen können diese ihre Ideen verwirklichen. Auch das braucht Zeit, denn die Projekte der Kinder können sich in der Arbeitsphase immer weiterentwickeln und zu immer neuen Ideen führen.

Impulse und Angebote

1. Jetons

Alter: ab 2 Jahren
Bildungsbereiche: kognitive Entwicklung, Feinmotorik
Material: Jetons, Spielchips, Pokerchips etc.; Schälchen
für die Variante: Holzbausteine

Impuls/Angebot:
Jetons oder auch Spielchips sind vielseitig einsetzbar, da es sie in verschiedenen Größen, Farben und Formen gibt. Sie laden zum Sortieren, Stapeln, Legen und Rollen ein. Auch eignen sie sich besonders für die älteren Kinder dazu, erste mathematische Erfahrungen zu sammeln. Die Chips sind oft mit Aufdrucken von Zahlen versehen und können gut abgezählt werden. Kinder sortieren die Jetons gern nach Farben oder Zahlenfolgen. Sie können sie auch in verschiedene Behälter legen, z. B. Muffinformen oder Schälchen, wobei je nach Material unterschiedliche Klänge entstehen.

Hinweis:
Auch als Geldersatz im Rollenspielbereich sind Jetons sehr beliebt.

Variante:
In Kombination mit Baumaterialien, wie Holzbausteinen, erweitern sie zusätzlich die Konstruktionsmöglichkeiten der Kinder.

2. Werkzeuge

Alter: ab 3 Jahren
Bildungsbereiche: Feinmotorik, kognitive Entwicklung
Material: Zange, Schraubendreher, Schneebesen, Schöpflöffel, Tee-Ei, Grillzange, Pipette, Pinzette etc.

Hinweis:
Werkzeuge wie eine Zange lassen sich leicht selbst herstellen. So reichen z. B. eine Holzwäscheklammer, zwei Spatel und zwei Verschlüsse einer Kunststoffflasche als Fertigungsmaterial aus (siehe Foto S. 85).

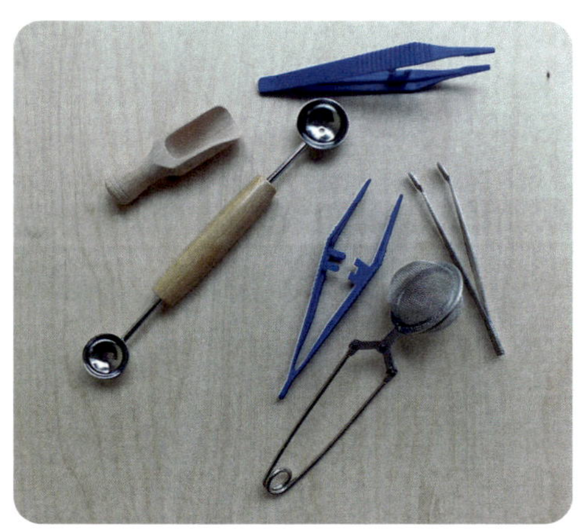

Impuls/Angebot:
Kinder lieben es, Arbeitshilfen, Werkzeuge, aber auch Küchengeräte der Erwachsenen zu nutzen. Je nach Entwicklungsstand und Alter ist das mit vielen Gegenständen möglich. Besonders in der Küche oder im Werkzeugkasten werden Kinder leicht fündig. Sie ahmen oder spielen gern die Tätigkeiten nach. Während Erwachsene jedem Werkzeug eine Bestimmung zuweisen, nutzen Kinder diese multifunktional und entwickeln neue Verwendungsmöglichkeiten. Hier sind verschiedene Transferleistungen gefragt, die Problemlösungskompetenzen erfordern. Auch durch den richtigen Umgang mit den Arbeitsgeräten wird feinmotorisches Geschick geübt.
Diese Arbeitsgeräte lassen sich gut mit anderen Spielmaterialien und zu verschiedenen Spielthemen in den entsprechenden Handlungsräumen kombinieren.
Die Fotos zeigen verschiedene „Werkzeuge", wie Wasserwaage, Zange, Eiskratzer, Pinzetten, aber auch Schuhanzieher, Moderinge, Trichter, Tee-Ei, Schütten, Stößel etc.

Hinweis:
Die Fachkräfte müssen eigenverantwortlich die „Werkzeuge" auf ihre Eignung (altersgemäß und kindgerecht) und Verletzungsgefahr hin überprüfen.

3. Greifer

Alter: ab 4 Jahren
Bildungsbereich: Feinmotorik
Material: Dreifingergreifer

Impuls/Angebot:
Ein interessantes „Werkzeug", das die Kinder zum Ausprobieren und Experimentieren anregt, ist der Dreifingergreifer, auch Greifzange oder Greifwerkzeug genannt. Normalerweise wird er als Alltagshilfe eingesetzt, um bestimmte Dinge im Haushalt besser erreichen zu können, um Müll zu sammeln oder um beim Aufheben von Dingen zu helfen sowie zum Obstpflücken.

Für Kinder ist die Funktion dieses Werkzeugs sehr interessant. Die Auge-Hand-Koordination ist gefragt, wenn Dinge gezielt mit der Zange gegriffen und wieder abgelegt werden. Die Zange verleiht vielen Kindern Selbstständigkeit beim Erreichen von höher gelegenen Dingen. Gleichzeitig wird versucht, Steine, Stöcke oder diverses Spielzeug mit der Zange zu greifen und von A nach B zu transportieren. Mit einem Dreifingergreifer ist es sogar möglich, Geldstücke vom Boden aufzunehmen.

Den Kindern wird deutlich, wie hilfreich und nützlich Werkzeuge sind und wie viele Möglichkeiten sie in ihrer Verwendung bieten. Deren Nutzung setzt entsprechendes motorisches Geschick voraus und festigt es.

4. Farbzuordnung mit Wäscheklammern

Alter: ab 2 Jahren, je nach Schwierigkeit der Farben/Zahlen
Bildungsbereiche: Feinmotorik, kognitive Entwicklung
Material: leere Toilettenpapierrollen, Holzwäscheklammern, Schulmalfarben, Pinsel, Versandkarton
für die Variante: Stift

Impuls/Angebot:
Eine gute Idee, spielerisch mit Farben umzugehen, sind bunte Wäscheklammern und Toilettenpapierrollen oder Versandkarton. Dazu werden die Toilettenpapierrollen und auch die Holzwäscheklammern in verschiedenen Farben angemalt. Die Kinder stecken die Klammern, passend sortiert, an die Toilettenpapierrollen. Auch ein Farbkreis aus bemaltem Versandkarton (siehe Foto) lässt sich zum Farbensortieren mit den Klammern nutzen.

Variante:
Für ältere Kinder können auch Zahlen und Mengen (als Punkte oder Striche) auf die Rollen bzw. den Farbkreis gemalt werden. Hier ordnen die Kinder die entsprechenden Zahlen oder Mengen der richtigen Farbe zu.

Hinweis:
Wäscheklammern sind ein beliebtes, flexibel einsetzbares Klemmmaterial, das im Freispiel auch zum Budenbauen verwendet wird. Auch eigene Werke und Gegenstände lassen sich damit markieren.

5. Schlösser am Holzscheit

Alter: ab 3 Jahren, je nach Schwierigkeitsgrad der Symbole
Bildungsbereiche: Feinmotorik, kognitive Entwicklung
Material: Holzscheit (siehe Foto), alternativ Kantholz- oder Rundholzstück; Schleifpapier, Krampen (u-förmiger Drahtstift), Hammer, Schlösser mit passendem Schlüssel; evtl. „Klebepunkte" mit Zahlen, geometrischen Figuren oder Farben; Schlüsselanhänger

Impuls/Angebot:
Das Holzstück wird mit Schleifpapier so abgerundet, dass keine Verletzungsgefahr durch Holzsplitter mehr besteht. Anschließend werden die Krampen mit dem Hammer in das Holz geschlagen und die Schlösser an den Schlaufen befestigt. Schloss und Schlüssel erhalten jeweils ein identisches Symbol, damit sie anschließend wieder eindeutig zugeordnet werden können. Möglich wären zur Kennzeichnung auch verschiedenfarbige Klebepunkte, Schlüsselringe oder -anhänger.
Der Schwierigkeitsgrad kann dadurch erhöht werden, dass die Zuordnung der Symbole durch die Kombination sachlicher Zusammenhänge (z. B. Schiff und Wasser) gelöst werden muss.
Weiter können auch kleine Aufgaben an den Schlüsseln und Schlössern befestigt werden: Es steht z. B. die Aufgabe „1+2" (ggf. auch als Punkte aufgemalt) auf den Schlüsseln und das Ergebnis der Aufgabe ist am passenden Schloss zu finden.

Hinweis:
Die verschiedenen Schlüssel können neben dem Holzscheit in einer kleinen Schatulle oder Box mit Schlüsselaufhänger aufbewahrt werden.
Als Alternative können die Schlüssel, damit sie nicht verloren gehen, mit einer kleinen Kette und einer zusätzlichen Krampe ebenfalls an dem Holzscheit angebracht werden. Es muss aber darauf geachtet werden, dass die Ketten so lang sind, dass sie bis zu den einzelnen Schlössern reichen.

6. Geschichtensäckchen

Alter: ab 3 Jahren, je nach Komplexität des Inhalts
Bildungsbereiche: Sprache, Kommunikation, sozial-emotionale Entwicklung
Material: Säckchen, Tuch oder Serviette von ca. 20 x 30 cm Größe, verschiedene Materialien für das Nacherzählen der Geschichte

Impuls/Angebot:
Ein Geschichtensäckchen enthält Material, mit dem eine Geschichte erzählt werden kann. Es ist mit einer Schnur verschlossen und sollte nicht größer als 20 x 30 cm sein.

Die Materialien können auch in eine Serviette (Servietten-Geschichten) oder in ein Tuch (Tücher-Geschichten) verpackt sein. Hier wird „die Verpackung" gleich als Spielfläche genutzt. Teppichfliesen, die es auch mit Motiven wie einer Straße bedruckt gibt, eignen sich ebenfalls als Spielfläche (Teppich-Geschichten).

Beispiel für den Inhalt eines Säckchens zum Thema „Landwirtschaft":

- Spielfigur Landwirt oder Landwirtin
- verschiedene Tiere, wie Schweine, Kühe, Hühner, Schafe
- Futter, wie Mais, Gras, Heu
- kleiner Stall
- grünes Tuch

Die Säckchen sollten ein farblich passendes Tuch enthalten, auf dem die Geschichte nachgespielt werden kann. In diesem Beispiel ist es ein grünes Tuch, das als „Wiese" genutzt wird.

Die Fachkraft holt das Tuch aus dem Säckchen und stellt nach und nach die einzelnen Materialien darauf. Dazu erzählt sie eine kurze Geschichte. Anschließend werden die Materialien zurück in das Säckchen geräumt. Den Kindern werden die Säckchen für ihr freies Spiel zur Verfügung gestellt. Hier spielen sie die Geschichte selbst nach, erweitern sie oder erfinden eine völlig neue Geschichte. Auch können die Kinder selbst Säckchen zu einem Thema packen, das ihnen gefällt.

Variante:
Die Säckchen können nicht nur Material für Geschichten enthalten, sondern auch solches, das in Liedern, Fingerspielen oder Reimen vorkommt. Vielleicht enthalten rote Säckchen immer Geschichten, gelbe Säckchen Lieder und grüne Säckchen Fingerspiele. Außen am Säckchen können laminierte Kärtchen mit dem Inhalt der Säckchen befestigt werden.

7. Figurenschiene, Erzähltheater & Co.

Alter:	ab 3 Jahren, je nach Komplexität der Geschichte
Bildungsbereiche:	Sprache, Kommunikation, sozial-emotionale Entwicklung, Feinmotorik, kognitive Entwicklung
Material:	Figurenschienen aus Holz oder Pappe;
für Variante 1:	Aufsteller, Postkarten- oder Tischkartenhalter, Standfüße für Pappspielfiguren (oft aus verschiedenen Gesellschaftsspielen) oder Astscheiben mit Nutführung
für Variante 2:	Erzähltheater

Impuls/Angebot:
Figurenschienen sind oft aus Holz und meist mit drei Nutführungen versehen, in die zweidimensionale Figuren und Kulissen aus Pappe gesteckt werden können. Man kann sie fertig kaufen oder selbst bauen. Die Kinder stellen Figuren und Kulissen aus Pappe selbst her und entwickeln damit ihre eigenen Geschichten und Rollenspiele. Auch dreidimensionale Objekte, wie gesammelte Kastanien, Steine etc., werden zwischen die Nuten der Figurenschiene gelegt und so ins Spiel integriert. Hier ist viel Fantasie und Kreativität gefragt, da die Kinder selbst über die Materialienauswahl und darüber, welche Geschichten sie nachspielen möchten, entscheiden. Auch die Fachkraft kann diese Schienen nutzen, um den Kindern Geschichten zu erzählen. Anschließend wird den Kindern das Material zur Verfügung gestellt.

Die Figurenschienen können sehr vielfältig eingesetzt werden, z. B. zum Nacherzählen von Geschichten, als „Kartenständer" oder als Themenecke. In der Themenecke werden, passend zum Thema der Gruppe, Dinge aufgestellt oder gesammelt, z. B. Blätter, Wissenswertes zum Thema „Wald" usw. Wer einen alten Tisch zur Verfügung hat, kann auch diesen mit Rillen versehen und hat somit eine sehr große „Bühne" oder „Themenecke", in der sich vielfältige Dinge „ausstellen" oder erzählen lassen.

Variante 1:
Als Alternative zur Schiene mit Nutführungen können auch Aufsteller, Postkarten- oder Tischkartenhalter u. Ä. verwendet werden. Der Vorteil ist, dass die Figuren und Kulissen freier bewegt werden können als bei den vorgegebenen Nuten.

Variante 2:
Auch die Kombination eines Erzähltheaters mit einer Figurenschiene ist möglich. Hier wird mit verschiedenen, eingeschobenen Bildern eine Kulisse für das

Erzähltheater geschaffen. Auf einem laminierten weißen Malpapier können die Kinder mit einem wasserlöslichen Stift (z. B. Whiteboard-Marker) ihr eigenes „Bühnenbild" kreieren. Sie malen mit dem Stift auf dem laminierten Papier z. B. Bäume, ein Schloss, ein Haus und stecken es in das Erzähltheater. Schon ist das Bühnenbild für spannende Geschichten fertig. Mit einem Schwämmchen lässt sich das Bühnenbild entfernen und es können immer wieder neue Kreationen entstehen. Ergänzend kann hier die Figurenschiene eingesetzt werden.
Auch die Fachkraft kann diese Kulissen nutzen und in ein angeleitetes Angebot einsteigen, indem sie z. B. ein Rätsel, eine Figur oder eine Landschaft auf das laminierte Papier malt, um zur eigentlichen Erzählung hinzuführen. Als Einstieg eignet sich auch ein passend zugeschnittener Tonkarton mit verschiedenen Türchen und Klappen.

Eine Bildkarte wird in das Erzähltheater geschoben, davor dann die Bildkarte mit den Türchen und Klappen. Werden diese Türchen geöffnet, ist ein Ausschnitt der dahinterliegenden Bildkarte zu sehen. Hier müssen die Kinder Bildausschnitte erkennen und dementsprechend Transferleistungen erbringen, sie kommen ins Gespräch und sind motiviert, das Rätsel des Bildausschnittes zu lösen.

8. Narrative Schachteln, Kisten und Koffer

Alter:	ab 3 Jahren, je nach Komplexität der Geschichte
Bildungsbereiche:	Sprache, Kommunikation, sozial-emotionale Entwicklung, Grob-Fein-Motorik
Material:	verschiedene Schachteln, Kisten und Koffer; Materialien zu deren Gestaltung, wie Tapetenreste, Stoffreste, Strukturpapier, Tonpapier, Kleber, Schere, Cuttermesser, Kleinmaterialien und Figuren

Impuls/Angebot:
Auf Kinder wirken Schachteln immer motivierend. Wenn sie geöffnet werden, entstehen Spannung und auch ein Überraschungseffekt. Mit narrativen Schachteln können Geschichten erzählt werden, wobei die Boxen selbst Teil der Geschichte sind. Wird der Deckel der Schachtel abgenommen, fällt eine Seitenwand nach vorn und die Box wird selbst zur Bühne.

Zwei Ecken der Schachtel müssen eingeschnitten werden, um diese Bühnenfunktion zu gewährleisten. Der Schachtelinnenraum kann z. B. als Zauberwald gestaltet werden, mit Waldtapete an den Seiten, braunem Strukturpapier auf dem Boden und Figuren als Spielmaterial. Eine weitere Nutzung der Kiste ist das Spiel auf „zwei Ebenen". Zunächst wird die Geschichte auf dem Deckel gespielt. Zu einem bestimmten Zeitpunkt wechselt die Erzählung in den „Untergrund". Hierfür wird die Schachtel umgedreht und die Rückseite aufgeklappt. Der

Deckel bleibt als „Oberfläche“ auf der Schachtel liegen. Jetzt kann im „Untergrund“ weitergespielt werden. Hier wohnt z. B. ein Kaninchen, das den Menschen an der Oberfläche ihre Möhren aus dem Gemüsebeet stiehlt, indem es die Möhren von unten in seinen Bau zieht. Mit einem Schlitz im Deckel des Kartons lässt sich dieses Geschehen sehr anschaulich nachspielen.

Die Fachkräfte können die jeweilige Box, passend zum Gruppenthema, einrichten. Nachdem die dazugehörige Geschichte den Kindern von der Fachkraft erzählt wurde, können diese mit der Erzählbox die Geschichte nachspielen und im freien Spielen weiter nutzen. Gibt es mehrere solcher Boxen zu unterschiedlichen Themen, kann zur besseren Übersicht ein Foto vom Inhalt auf die Außenseite geklebt werden.

Hinweis:
Eine individuelle Ausgestaltung der Box bietet den Kindern viel Raum zum kreativen Tun nach eigenen Ideen, Interessen oder Themen.

Variante 1:
Soll auf mehreren Ebenen gespielt werden, bieten zusätzlich senkrecht eingezogene Trennwände in der Schachtel eine Spielerweiterung des Bühnenraumes, indem die Box umgedreht wird.

Variante 2:
Der Bühnenraum der Box wird in Kombination mit einer Figurenschiene erweitert (siehe S. 88). Zur Gestaltung der Box eignen sich die Kleinmaterialien aus nicht mehr vollständigen Gesellschaftsspielen, wie Hütchen, Püppchen etc. (siehe S. 71).

Variante 3:
Auch Koffer eignen sich zum Geschichtenerzählen. Bei einem „Kofferabenteuer“ können je nach Geschichte auch größere Gegenstände mit einbezogen werden, die das Erzählte spannend veranschaulichen.

9. Die narrative Wand

Alter:	ab 3 Jahren, je nach Komplexität der Geschichte und der Fotos
Bildungsbereiche:	Sprache, Kommunikation, sozial-emotionale Entwicklung
Material:	Tafel, Pinnwand, Magnetwand, Whiteboard o. Ä.; Buchseiten einer Bilderbuchgeschichte; einzelne Bilder, die sich zu einer Geschichte zusammensetzen lassen; Magnete, Magnetklebeband oder anderweitiges Befestigungsmaterial

Impuls/Angebot:
Bilderbücher gehören in der Kita zur Grundausstattung. Eine narrative Wand bietet den Kindern einen Überblick über die komplette Geschichte. Die Fachkraft kopiert jede Seite aus dem Buch, laminiert sie ggf. und hängt sie mit Magneten oder anderem Befestigungsmaterial an einer Tafel, Pinnwand, Magnetwand, einem Whiteboard o. Ä. auf. Die Kinder haben die Geschichte vorher schon durch die Fachkraft kennengelernt und können sie nun selbst im freien Spiel anhand der Bilder nacherzählen.

Ältere Kinder sollten die einzelnen Seiten der Geschichte an der narrativen Wand selbst in die richtige Reihenfolge bringen. Auch können sie selbst eine Geschichte erfinden, indem ihnen verschiedene Bilder zu einem Thema zur Verfügung gestellt werden. Jetzt sortieren die Kinder die Bilder so, dass sie damit eine eigene, selbst kreierte Geschichte erzählen können.

Variante:
Die narrative Wand kann auch für Fotos aus dem Kita-Alltag verwendet werden. Hier können die Kinder Erlebtes wiederfinden, darüber sprechen, es in eine bestimmte Reihenfolge bringen oder im Freundeskreis, mit Fachkräften und Eltern darüber sprechen.

10. Klettverschluss-Geschichten

Alter: ab 3 Jahren, je nach Komplexität der Geschichte oder Figuren
Bildungsbereiche: Sprache, Kommunikation, sozial-emotionale Entwicklung, Grob-Fein-Motorik, Sinneswahrnehmung, kognitive Entwicklung
Material: Holzbrett oder stabile Platte als Unterlage, Klettpunkte; ausgedruckte, am besten laminierte Figuren, Symbole oder Motive, z. B. zum Thema „Piratenleben" (siehe Foto)

Impuls/Angebot:
Die laminierten Motive werden mittig mit einem Klettpunkt versehen. Das Gegenstück (der Haftpunkt) wird auf das Holzbrett oder eine vergleichbare, stabile Unterlage geklebt. Die Kinder können jetzt nach Wunsch die Motive auf den Klettpunkten befestigen, wieder entfernen und neu zusammenstellen. Sie können mit diesen Motiven eine Geschichte erfinden oder sie – aus einer bekannten Erzählung – in die richtige, logische Reihenfolge bringen.
Die Kinder sind dabei vom Geräusch, das beim Abziehen der Motive von den Klettpunkten entsteht, fasziniert. Sie wiederholen diesen Vorgang oft mehrmals, ertasten die unterschiedliche Oberflächenbeschaffenheit der Punkte und experimentieren mit der Funktion des Klettverschlusses.
Diese wieder lösbaren Verbindungspunkte fordern die Kinder auf, durch die Bildmotive der Geschichte sprachlich miteinander zu kooperieren.

Variante 1:
Erzählt die Fachkraft den Kindern eine Geschichte, kann sie ihnen im Anschluss daran die „Klettmaterialien" im freien Spiel zur Verfügung stellen. So wird es den Kindern ermöglicht, die Geschichte zur Vertiefung noch einmal nachzuspielen und auch eigene Ideen mit einzubringen.

Variante 2:
Auch Zahlen, geometrische Figuren oder Buchstaben lassen sich mit Klettpunkten versehen und können so von Kindern zu Motivgruppen, Zahlenreihen etc. geordnet werden. Die Verbindungspunkte lassen sich flexibel an verschiedene Unterlagen kleben, so können Figuren z. B. an Holzspatel geheftet werden. Die entstandenen „Stabpuppen" sind nun die Akteure für ein Tischtheater (siehe Foto S. 92).

Hinweis:
Klettpunkte gibt es in der „Haken-und-Flausch-Version" und auch in der „Pilzkopf-Variante". So können sie an Steinen, Holzabschnitten, Pappe etc. haften und Träger für die verschiedenen Motive und Bilder sein. Dies bietet für Kinder zusätzliche kreative Möglichkeiten, ihre Fantasie auszuleben, und motiviert sie zur Kommunikation.

11. Bierdeckel-Geschichten

Alter: ab 2 Jahren, je nach Verwendungszweck und Kleinmaterial

Bildungsbereiche: Sprache, Kommunikation, sozial-emotionale Entwicklung, Sinneswahrnehmung, kognitive Entwicklung, Feinmotorik

Material: Bierdeckel, Kleber, verschiedene Bilder zu einem Thema, evtl. Dinge zum Dekorieren/Gestalten des Deckels, wie Naturmaterialien, Stifte, Aufkleber, Wolle, Papier etc.

Impuls/Angebot:
Die vielfältig einsetzbaren Bierdeckel gibt es in unterschiedlichen Formen, bedruckt und unbedruckt. Mit Bildern, Figuren, Symbolen beklebt, eignen sie sich als „Geschichtendeckel". Das Bild auf dem Deckel regt Kinder an, eine passende Geschichte dazu zu erfinden. Jedes weitere Bild lässt die Geschichte wachsen und ermöglicht den Kindern, ihre eigenen Geschichten zu entwickeln. Da die Bilder auf die Deckel geklebt sind, lassen sie sich in einer beliebigen Reihenfolge sortieren und ermöglichen so immer wieder neue Geschichten und Kommunikationsanlässe.

Varianten:

- Werden die Deckel mit unterschiedlichen Materialien beklebt, z. B. Wolle, Watte, Stöckchen, Kronkorken etc., können sie als Tastkarten dienen, die die Kinder befühlen oder über die sie laufen.
- Stellt man die Bierdeckel den Kindern als Baumaterial zur Verfügung, lassen sich mit ihnen Straßen oder Gebäude errichten.

- Wenn die Bilder in doppelter Ausführung vorhanden sind, entsteht ein Memoryspiel, das von den Kindern genutzt werden kann.
- Mit unterschiedlichen Farben oder Zahlen beklebt, lassen sich Bierdeckel zur Farben- und Zahlenlehre nutzen.
- Bierdeckel sind auch in der Bewegungsförderung kreativ einsetzbar: Über die Bierdeckel springen, sie zum Slalomlaufen nutzen, ein Kind damit zudecken, sie einsammeln, stapeln, sortieren – hier sind der Fantasie kaum Grenzen gesetzt.

12. Geschichtenwürfel oder Story Cubes

Alter: ab 3 Jahren, je nach Komplexität der Bilder
Bildungsbereiche: Sprache, Kommunikation, sozial-emotionale Entwicklung
Material: Blankowürfel, Figuren, Symbole, Bilder zum Bekleben der Würfel

Impuls/Angebot:
Geschichtenwürfel oder Story Cubes eignen sich dazu, die Sprachkompetenzen der Kinder zu fördern. Blankowürfel können mit beliebigen Figuren, Symbolen oder Bildern beklebt werden, die die Interessen der Kinder aufgreifen. Das gewürfelte Bild ist der Ausgangspunkt für eine Geschichte. Jedes weitere gewürfelte Bild wird in die Erzählung integriert und erweitert sie. So entstehen immer wieder verschiedene Geschichten, die die Kreativität und den Einfallsreichtum, aber auch die Sprachkompetenz der Kinder schulen. Die Geschichtenwürfel können einerseits Teil eines angeleiteten Angebotes durch die Fachkraft sein, sie können den Kindern aber andererseits auch im freien Spiel zur Verfügung gestellt werden.

13. Streichholzschachtel-Geschichten

Alter: ab 3 Jahren je nach Komplexität der Bilder
Bildungsbereiche: Sprache, Kommunikation, sozial-emotionale Entwicklung
Material: leere Streichholzschachteln, Bilder, Symbole, Figuren o. ä. kleine, dreidimensionale Gegenstände zum Einkleben in die Schachtel

Impuls/Angebot:
Streichholzschachtel-Geschichten funktionieren nach einem ähnlichen Prinzip wie Bierdeckel-Geschichten und Geschichtenwürfel. In die Schachteln werden Symbole, Bilder, Figuren oder andere dreidimensionale Gegenstände geklebt oder gelegt. Die Kinder schieben die Schachteln auf und das zum Vorschein kommende Objekt ist Ausgangspunkt für eine Geschichte oder ein Gesprächsanlass. Jedes weitere Objekt aus einer Schachtel kann die Geschichte oder das Gespräch erweitern. So entstehen immer wieder verschiedene Geschichten, die die Kreativität und den Einfallsreichtum, aber auch die Sprachkompetenz der Kinder schulen. Je nachdem, in welcher Reihenfolge die Schachteln geöffnet werden, entstehen unterschiedliche Möglichkeiten und Varianten, die Geschichte zu erzählen. Die Streichholzschachtel-Geschichten können Teil eines angeleiteten Angebotes durch die Fachkräfte sein oder den Kindern für ihr freies Spiel zur Verfügung gestellt werden.

Hinweis:
Die Streichholzschachteln werden nicht nur zum Geschichtenerzählen verwendet. Sie eignen sich auch als Baumaterial, das gestapelt, gelegt oder sortiert wird. Hier kann es sinnvoll sein, die Schachteln farbig zu gestalten oder mit Symbolen und geometrischen Figuren zu dekorieren.

14. Zauberlicht-Geschichten

Alter: ab 3 Jahren, je nach Komplexität der Geschichte, Symbole oder Bilder
Bildungsbereiche: Sprache, Kommunikation, sozial-emotionale Entwicklung, kognitive Entwicklung
Material: 2 Kopiervorlagen zu den „Zauberlicht-Geschichten" (siehe Downloadbereich), Schere, Klebestift, Taschenlampe, Leuchttisch oder Leuchttablett, evtl. Laminiergerät

Impuls/Angebot:
Die Kopiervorlagen werden mit dem Klebestift exakt übereinandergeklebt (siehe Foto).

Erst Im Gegenlicht wird erkennbar, dass jeder Gegenstand genau hinter einem Spiegel/Fenster zu sehen ist. Diese Teilstücke werden jetzt exakt ausgeschnitten, sodass neun bzw. zwölf „Zauberlicht-Karten" entstehen.

Hinweis:
Laminiert sind diese Karten wesentlich langlebiger.

Zusammen mit einer Taschenlampe, einem Leuchttisch oder Leuchttablett werden die Bilder jetzt den Kindern zur Verfügung gestellt. Für sie ist auf den ersten Blick nur ein leerer Spiegel bzw. ein leeres Fenster zu sehen. Werden die Karten aber auf den Leuchttisch bzw. auf das Leuchttablett gelegt oder als weitere Möglichkeit von hinten mit einer Taschenlampe beleuchtet, wird das aufgeklebte Bild sichtbar. Die Kinder sind so motiviert, jedes Bild hintereinander mit dem „Zauberlicht" erscheinen zu lassen.
Das verbindende Element dieser einzelnen Bilder ist hier das Thema „Piratenleben". Je nachdem, in welcher Reihenfolge die Bilder sichtbar gemacht werden, können die Kinder sich dazu eine passende Geschichte ausdenken, darüber ins Gespräch kommen oder auch eine ihnen schon bekannte Geschichte nacherzählen.

Variante:
Die Fachkräfte können diese Methode auch nutzen, um mit den Kindern gezielt ein angeleitetes Angebot durchzuführen. Sie kopieren Bilder oder Symbole aus einer Geschichte und erzählen diese mithilfe des „Zauberlichts" nach. Anschließend können sie den Kindern das Material für ihr Spiel zur Verfügung stellen.

15. Zahnräder

Alter: ab 5 Jahren
Bildungsbereiche: Feinmotorik, kognitive Entwicklung
Material: Eisstiele aus Holz, Lineal, Stift, kleine Säge, Verschlüsse von z. B. Milchkartons, Heißkleber, Schablone für das Ankleben der Stiele an die Verschlüsse (siehe Downloadbereich), evtl. Wasserfarbe und Pinsel oder Fingerfarben, evtl. Metallplatte mit Magneten

Impuls/Angebot:
Die Fachkraft markiert die Eisstiele mit Lineal und Stift mittig und trennt sie mit einer kleinen Säge in zwei gleich lange Stücke. Anschließend klebt sie immer zwei gleiche Verschlüsse mit der flachen Seite mit dem Heißkleber gegeneinander. Diese miteinander verbundenen Verschlüsse werden nun auf die Schablone gelegt.

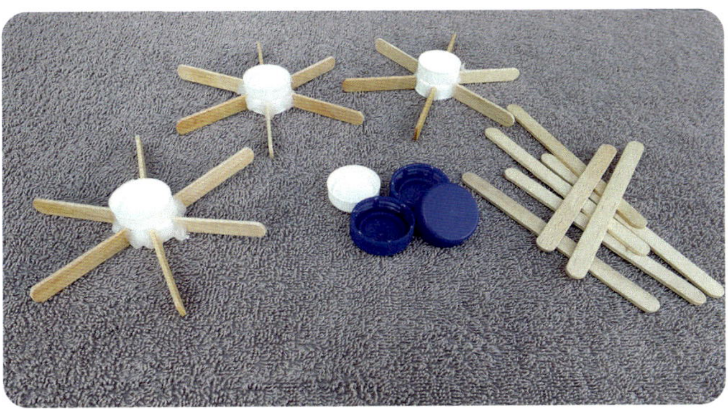

Die zugeschnittenen Eisstiele werden mit dem Heißkleber – entsprechend der Schablone – im gleichen Abstand an den Verschlüssen befestigt, wodurch nach und nach verschiedene Zahnräder entstehen.
Zusätzlich können die Eisstiele von den Kindern in verschiedenen Farben bemalt werden, dadurch entsteht ein schönes Farbspiel beim Drehen der Räder.

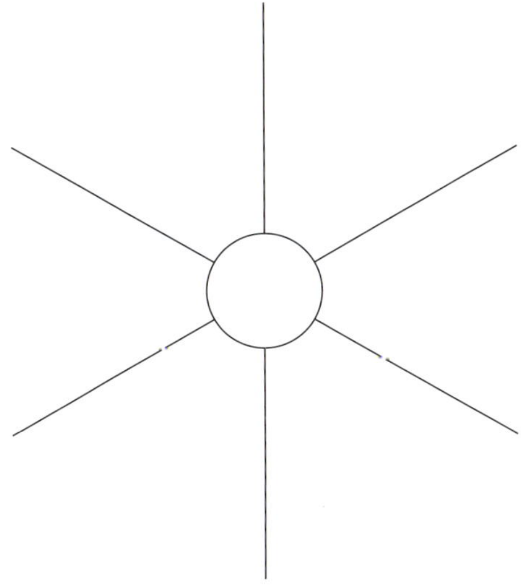

Schablone Zahnräder
(verkleinerte Darstellung)

Hinweis:
Die Zahnräder verrutschen nicht, wenn sie auf einer Unterlage aus Metall und einem Rundmagnet fixiert werden. Der Magnet muss mit etwas „Luft" in die Unterseite des Verschlusses passen, damit er noch drehbar ist. So lassen sich die Zahnräder in verschiedene Positionen bringen (siehe Foto). Die Kinder probieren jetzt aus, in welchem Abstand die Räder befestigt werden müssen, damit sie ineinandergreifen und sich drehen – keine einfache kognitive Aufgabe, die aber viel Experimentierfreude mit sich bringt und die Funktion von Zahnrädern begreifbar macht.

Fallbeispiel 5: „Wir sind die Großen!"

Impulse und Angebote

1. Umgedrehter Sandtisch

2. Spardosen

3. Schneidbox

4. Locherkonfetti

5. Zopfgummis kopieren

6. Schleppketten

7. Murmeltrampolin

8. Kleiderbügel-Waage

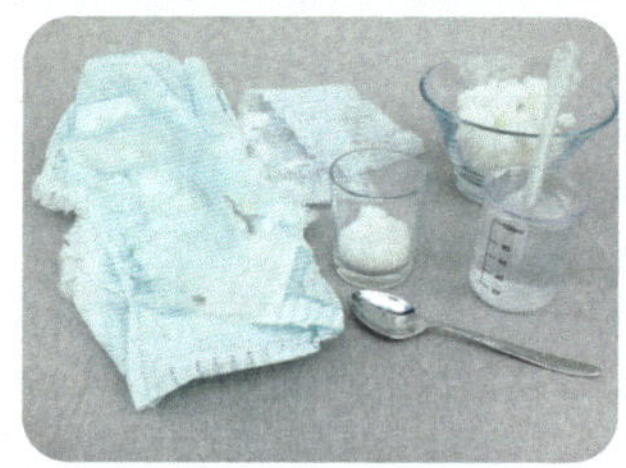
9. Die Windel

10. Schaum-Varianten

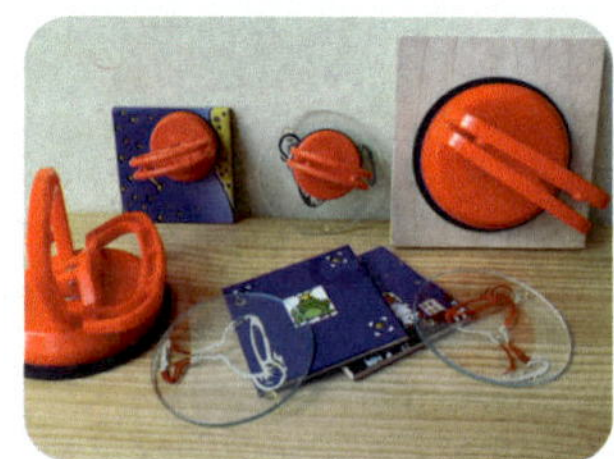
11. Saugheber

12. Bilder erscheinen lassen

13. Der narrative Ordner

14. Geschichten im Pizzakarton

15. Ton-Geschichten

Fallbeispiel

	S. 19	Abschluss- oder Trennungsphase
	S. 22	Neue Erfahrungen
	S. 33	Aktiv-Passiv-Sein, Aktives Zuhören, Ich-Botschaften, sensitive Responsivität
	S. 24	Gemeinsames, organisiertes Spiel
	S. 28	Rollenspiel

Es ist Mai und zur Vorbereitung auf die Schulzeit besuchen die älteren Kinder der Gruppe mit einer Fachkraft einmal in der Woche die nahe liegende Grundschule und nehmen an einer Schulstunde teil.
In den letzten Wochen äußern die Kinder, dass der Kindergarten doch langweilig sei. Bei vielen Angeboten verweigern sie sich: „Das ist doch babyleicht, voll blöd." Es kommt häufiger zu Konflikten mit den Fach- und Hilfskräften.
Die angehenden Schulkinder waren gestern das zweite Mal in der Schule. Jens (6;2 Jahre), Tobias (6;1 Jahre) und Enrico (6;2 Jahre) haben heute ihren Schulranzen dabei. Zunächst vergleichen sie die Größe und das Gewicht ihrer Ranzen. Dann schauen sie, was sie alles in ihren Mappen und Etuis haben, und zeigen sich gegenseitig die verschiedenen Materialien. Jens hat eine Idee und ruft den anderen freudig zu: „Kommt, wir spielen Schule!" Tobias und Enrico sind sofort einverstanden. Die drei nehmen ihre Ranzen und laufen in den Nebenraum. Dort sprechen sie ab, wie sie das „Klassenzimmer" einrichten wollen. Martin (3;9 Jahre) und Emma (3;2 Jahre) schauen ihnen fasziniert zu.

Die Fachkraft kommt an den Kindern vorbei, hört, wie jeder Ideen für das geplante Schul-Spiel äußert, und sagt: „Ja, ich sehe schon, ihr habt euer Spiel gefunden." Sie geht weiter und wendet sich an ihre Kollegin, die mit Bernd (6;7 Jahre) Jannis (6;6 Jahre) und Hannes (5;9 Jahre) Mau-Mau spielt. Sie spricht mit ihrer Kollegin ab, jetzt schnell noch das Protokoll von der letzten Teamsitzung zu schreiben, da es in der Gruppe ja „ruhig" sei. Sie holt den Laptop, setzt sich in die Ecke des Maltischs und schreibt.
Leonie (6;2 Jahre), Anna (6;1 Jahre) und Romi (6;0 Jahre) schauen der Fachkraft fasziniert zu. Anna sagt: „Wir haben auch einen Laptop. Manchmal darf ich darauf schreiben!" Fachkraft: „Hm, aber ich muss hier was Wichtiges schreiben." Romi: „Dürfen wir auch mal schreiben? Wir sind doch schon die Großen!" Fachkraft: „Nein, jetzt nicht. Aber ihr könntet die Blumen vormalen. Ich hole euch schnell die Schablone, dann können die Kleinen sie nachher ausschneiden."
Die Mädchen machen sich an die Arbeit und nicken sich bestätigend zu: „Jetzt sind wir schon wie die Erzieherinnen ..."

Interpretation

- Die angehenden Schulkinder beschäftigen sich sehr stark mit dem Thema der Einschulung. Ihre Kritik am Kindergarten verweist auf den Beginn der Ablösephase. In dieser Phase grenzen die Kinder sich stärker ab und es kann wieder häufiger zu Konflikten mit den Fachkräften und den anderen Kindern kommen.
- Die älteren Kinder zeigen den deutlichen Wunsch nach Herausforderungen und neuen Erfahrungen. Dies wird erkennbar in der Verweigerung von Angeboten. Sie fühlen sich vom Schwierigkeitsgrad nicht herausgefordert („Ist doch babyleicht!").
- Die mangelnde Wertschätzung des Freispiels als Entwicklungsmöglichkeit wird auch deutlich, als die Fachkraft den älteren Mädchen den Auftrag gibt, „Blumen vorzumalen". Sie stellt ihnen diese

Aufgabe, damit sie beschäftigt sind und sie selbst nicht gestört wird. Auch hier wird das Interesse der Mädchen nicht gewürdigt; Gespräch und Dialog fehlen. Die Mädchen interessieren sich für den Laptop und das Schreiben. Grundsätzlich ist das Ausschneiden nach Schablonen als fragwürdig zu betrachten, denn es bietet keine Möglichkeit, sich selbst zu entwickeln und eigene Ideen umzusetzen. Dem Anspruch nach kreativer Entfaltung und der Anregung der Selbstbildung wird diese Aufgabe nicht gerecht. Hier muss die Fachkraft einen anregenden Lern- und Erfahrungsraum für die drei Mädchen gestalten.

- Das Kommunikationsverhalten der Fachkraft zeigt keine entsprechende pädagogische Wertschätzung den Kindern gegenüber. Dies wird sowohl bei der Bemerkung zu dem Rollenspiel der Jungen deutlich als auch beim Gesprächsversuch von Leonie, Anne und Romi.
- Gesprächstechniken (passives und aktives Zuhören, Sendung von Ich-Botschaften und sensitive Responsivität, siehe S. 34) müssen zur Stärkung der kindlichen Lernprozesse bedürfnisorientiert angewandt werden.

FAZIT
Die Fachkraft muss die Selbstbildungspotenziale und das Bedürfnis der Kinder nach neuen Erfahrungen differenziert wahrnehmen und durch gezielte Impulse anregen, z. B. durch einen geeigneten Platz, der Rollenspiele mit den Ranzen ermöglicht, und durch weitere „Schul-Materialien“, wie Stifte Papier etc.
Den Wunsch der Mädchen, auch den Laptop benutzen zu dürfen, sollte sie spontan aufgreifen, z. B. Buchstaben benennen und kurz in den Laptop tippen lassen, evtl. die Vornamen Leonie, Anna und Romi aufschreiben und drucken. Die Mädchen könnten einzelne Buchstaben schreiben und sie im Text von Bilderbüchern wiederfinden. Aus dieser Anregung heraus sollte die Fachkraft einen geplanten Impuls für die zukünftigen Schulkinder entwickeln.

Die Fachkraft muss ihre Rolle als Dialog- und Gesprächspartnerin ernst nehmen und sich kindorientierter verhalten. Den Mädchen könnte sie eine positive Rückmeldung geben („Oh, das ist ja interessant, dass ihr den Laptop schon benutzen könnt!“).

Handlungsstrategien

Raumgestaltung

Um den Kindern den Ablöseprozess zu erleichtern und ihrem Interesse an „Schule“ nachzukommen, sollte sich im Raum ein Platz finden, wo dies „nachgespielt“ werden kann, z. B. den Rollenspielbereich mit „Schulmaterialien“ ausstatten oder eine „Schreibecke“ oder auch „Schulecke“ für Buchstaben, Zahlen, Briefpapier, Lineal einrichten etc.
Um ihrem Bewegungsdrang nachzukommen, muss den Kindern Platz zum Bewegen und Austoben geschaffen werden, z. B. eine Matratzen-Ecke, in der mit ihnen gemeinsam Regeln zum Ablauf aufgestellt werden. Auch ein Raum oder eine Ecke für Experimente, Untersuchungen und Forschen bietet sich an.

Material

„Schulmaterialien“, Materialien zum Experimentieren und Forschen, zum Untersuchen mit einer Lupe, Bücher, Messinstrumente etc.

Zeit

Die Fachkraft muss sich Zeit nehmen, um den Ablöseprozess zu begleiten, den Kindern Freiräume zu geben und ihnen bei evtl. Nöten, Bedenken, Ängsten oder auch Vorfreude auf die Schule zuzuhören.

Impulse und Angebote

1. Umgedrehter Sandtisch

Alter: ab 4 Jahren, je nach Ausgestaltung der Buchstaben, Zahlen und geometrischen Figuren
Bildungsbereiche: kognitive Entwicklung, Grob-Fein-Motorik
Material: umgedrehter Tisch, feiner Sand, evtl. Schnur, Klebeband; ausgedruckte Buchstaben, Zahlen, geometrische Figuren etc.; Wäscheklammern

Impuls/Angebot:
In die Vertiefung eines umgedrehten Tisches wird Sand gefüllt. So entsteht ein „Sandtablett“, das sich gut zum Malen mit den Fingern in diesem sandigen Untergrund verwenden lässt. An den nach oben ragenden Tischbeinen kann mithilfe von Wäscheklammern auch eine Schnur befestigt werden. An dieser können einmal Fotos der entstandenen Sandmalerei oder auch Vorlagen von Buchstaben, Zahlen und geometrischen Figuren zum Nachzeichnen im Sand angeheftet werden.

2. Spardosen

Alter: ab 2 Jahren, je nach Materialgröße
Bildungsbereiche: Feinmotorik, kognitive Entwicklung
Material: in Form, Farbe und Verschluss (Schlitzgröße) unterschiedliche Spardosen; verschiedenes Einwurfmaterial, wie Münzen oder Bingochips, Unterlegscheiben etc.

Impuls/Angebot:
Spardosen gibt es in vielen Formen und Farben und mit aufgedruckten Motiven. Das spricht Kinder an und motiviert sie, die Dosen zu befüllen. Bei durchsichtigen Dosen sehen sie zusätzlich, was mit den eingeworfenen Materialien passiert. Nicht nur Hartgeld eignet sich zum Einwerfen, sondern auch unterschiedliche Spielchips, Bingochips, Unterlegscheiben etc. sind dazu geeignet und machen beim Einwerfen jeweils ein anderes Geräusch.
Um die Spardose wieder zu leeren, muss entweder ein passender Schlüssel eingesetzt oder ein anderer Mechanismus bedient werden. Feinmotorische Kompetenzen, wie z. B. die Auge-Hand-Koordination, werden gefördert und mit kognitiven Erfahrungen, wie Mengen, Farben und Zahlenverständnis, kombiniert: Wie viele Münzen passen in eine Dose? Welche Farbe, welche Zahl oder welches Motiv werfe ich hinein? Wie entleere ich die Dose wieder? Sortiere oder mische ich sie nach Farbe, Zahl oder Motiv? – All diese Fragen erfordern Problemlösungsstrategien und Entscheidungen von den Kindern.

3. Schneidbox

Alter: ab 3 Jahren, je nach bereitgestelltem Material (abhängig vom Entwicklungsstand der Kinder, mögliche Verletzungsgefahr durch Scheren und Prickelnadel) und den vorgezeichneten Linien
Bildungsbereich: Feinmotorik
Material: Box, Schere; verschiedene Utensilien, die sich zerschneiden lassen, wie z. B. Toilettenpapierrolle, Bierdeckel, Pappe, Wolle, Stoff, Moosgummi, Bastelstroh, Naturbast, Geschenkband
für die Variante: verschiedene Scheren, Prickelnadeln, Locher

Impuls/Angebot:
Die Schneidbox ist eine Schachtel, in der sich vielfältige Möglichkeiten befinden, verschiedene Scheren zu nutzen. Die Box steht den Kindern im freien Spiel zur Verfügung. Die Utensilien darin haben einen Aufforderungscharakter, da sie ansprechend motivierend gestaltet sind.

Beispiele für den Inhalt einer Schneidbox können sein (siehe Foto):

- Eine Toilettenpapierrolle wird zu einem Männchen mit Haaren, dem dringend die Haare geschnitten werden müssen.
- Auch dem Gesicht auf einem Bierdeckel müssen die Wollhaare geschnitten werden.
- Über das farbige Tonpapier ist ein „Fahrrad" gefahren und hat Spuren hinterlassen (gerade Linie, Zickzacklinie, Kurven etc.). „Du schaffst es bestimmt, seinen Weg mit der Schere nachzufahren."
- Für eine Party müssen aus farbigen Papierstreifen Konfetti hergestellt werden.
- Der Wollfaden, der sich aus der Dose oder dem Glas ziehen lässt, muss abgeschnitten werden.
- Der Handabdruck eignet sich gut zum Ausschneiden.
- Auch das Bastelstroh und der Naturbast müssen gekürzt werden.
- An die Schneidbox wurde ein zusammengefalteter Papierstreifen mit einer aufgemalten Spur geklebt. Das Papier wird einfach mit einer Hand straff gezogen und die Spur mit der anderen Hand nachgeschnitten.
- Auf dem Pappteller ist ein fröhliches Gesicht aufgemalt. Der obere, äußere Rand des Tellers könnte zu einer lustigen Frisur für das Gesicht werden. „Schneide den Rand einfach ein!"

Viele weitere Ideen können die Kinder noch mit einbringen und die Schneidbox so ergänzen.

Variante:
Abhängig vom Entwicklungsstand und Alter des Kindes werden verschiedene Arten von Scheren in die Box gelegt (Unterschiede in Farben und Größen, spitze und stumpfe Scheren, aber auch Links- und Rechtshänder-Scheren). Die Kinder erproben, welche Schere für welches Material am besten geeignet ist. Alternativ können Prickelnadeln und/oder Locher zum Einsatz kommen.

4. Locherkonfetti

Alter: ab 3 Jahren
Bildungsbereiche: Feinmotorik, kognitive Entwicklung
Material: Locher, farbiges Tonpapier, Gefäße, Löffel oder Pinzetten zum Sortieren, Zeichen- oder Schreibpapier, Klebstoff

Impuls/Angebot:
Die Kinder stanzen mit dem Locher Konfetti aus den Tonpapieren. Dazu wird die Abdeckung an der Unterseite des Lochers abgenommen, sodass das Konfetti direkt herausfällt. Die Kinder können so die Stanz-Technik genau betrachten.
Das gestanzte Konfetti kann farblich in Gefäßen geordnet werden, wozu auch Pinzetten oder Löffel als Greifwerkzeug einsetzbar sind. Entweder entscheiden die Kinder frei, wie sie das Konfetti farblich sortieren möchten, oder es sind schon farbige Gefäße zur Orientierung vorgegeben.

Hinweis:
Ergänzend entstehen mithilfe von Klebstoff bunte Konfettibilder. Hierbei sind Kreativität und Einfallsreichtum in Kombination mit Feinmotorik gefragt.

Hinweis:
Das gestanzte Konfetti eignet sich nicht nur als Karneval- oder Partyutensil, sondern kann auch als „Streumaterial" für den Impuls „Bauhof und Baustelle" (S. 78) verwendet werden.

5. Zopfgummis kopieren

Alter: ab 4 Jahren
Bildungsbereiche: kognitive Entwicklung, Feinmotorik
Material: kleine, verschiedenfarbige Zopfgummis, Fotos verschiedener rechter und linker Kinderhände, farbiges Tonpapier, Stifte und Schere

Impuls/Angebot:
Auf die einzelnen Finger der kopierten Kinderhände werden farbige Ringe aufgemalt oder sie werden mit zurechtgeschnittenem Tonpapier oder mit Haargummis beklebt.
Jetzt werden den Kindern kleine Zopfgummis in den gleichen Farben zur Verfügung gestellt. Sie können ihre Finger, gleich der kopierten Handvorlage, mit den Gummis dekorieren.
Motivation für Kinder könnten folgende Fragen sein: Wie schaffe ich es, dass die kopierte Hand exakt mit der eigenen übereinstimmt? Wo ist rechts? Wo ist links? Welche Farben brauche ich? Wie viele Gummis nehme ich?
Die Kinder üben sich darin, die Ansicht der Vorlage auf ihre eigene Hand zu transferieren.

6. Schleppketten

Alter: ab 3 Jahren
Bildungsbereiche: Grob-Fein-Motorik, kognitive Entwicklung
Material: Schleppketten in verschiedenen Längen und Breiten

Impuls/Angebot:
Schleppketten lassen sich vielfältig in das Freispiel integrieren, da sie sich – im Gegensatz zu anderen Scharniersystemen – nur in eine Richtung bewegen und aufgerollt werden können. Durch ihr Konstruktionsprinzip sind sie stabil, von den Kindern eigenständig aufstellbar und auch von ihnen mit wenigen Handbewegungen aufzurollen. Die Fachkraft muss anschließend die Schleppkette lediglich in Ringform zusammenschließen.

Hinweis:
Die einzelnen Kettenglieder können leicht mithilfe eines Schraubendrehers getrennt bzw. miteinander verbunden werden. So kann die Fachkraft den Ring neu zusammensetzen, aber auch kürzen.

7. Murmeltrampolin

Alter: ab 4 Jahren
Bildungsbereiche: kognitive Entwicklung, Grob-Fein-Motorik
Material: Luftballon, Schere, Glas mit dickerer Wand, Klebeband, Murmel
für die Variante: Pipette mit Wasser

Impuls/Angebot:
Aus der Seite des Luftballons wird ein tellerförmiges Stück herausgeschnitten (siehe Foto).

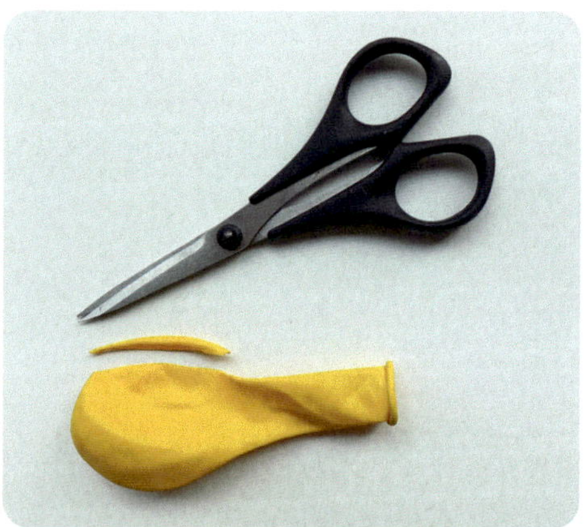

Dann wird der Ballon mit dem Schnittstellenrand über das Glas gezogen und mit Klebeband fixiert. So entsteht eine Art „Trommel" mit dem Luftballon als Membran. Wenn man diese in Schwingungen versetzt, entsteht ein Ton.
Bei einem Einsatz als „Murmeltrampolin" lassen die Schwingungen der Luftballonmembran die Murmel hüpfen. Wird dabei die richtige Fallhöhe spielerisch festgestellt, springt die Murmel relativ lange auf diesem „Trampolin". Die Kinder zählen die Hüpfer der Murmel, experimentieren, um die richtige Fallhöhe der Murmel herauszufinden, lauschen dem entstehenden Geräusch oder lassen zwei Murmeln auf zwei Gläsern um die Wette hüpfen. Hier können die Kinder Erkenntnisse und Erfahrungen im Umgang mit Naturgesetzen sammeln und ihre kognitiven Kompetenzen erweitern.

Variante:
Unterschiedliche Gläser und Farben von Ballons bereichern zusätzlich das Spiel. Die Kinder setzen einen Wassertropfen mit einer Pipette auf das Murmeltrampolin. Was passiert, wenn die Murmel die Membran in Schwingungen versetzt?

8. Kleiderbügel-Waage

Alter: ab 4 Jahren
Bildungsbereiche: kognitive Entwicklung, Grob-Fein-Motorik
Material: Holz-Kleiderbügel mit Vertiefungsnut zum Einhängen; Waagschalen, wie Eimer, Schachteln, Dosen etc.; großer Eimer mit Füllsand; Holzstab; Aufhängevorrichtung, wie Schraubhaken, Ringschraube oder Nagel; entsprechendes Befestigungsmaterial für die Waagschalen, wie Schnüre

Impuls/Angebot:
Im oberen Drittel des Holzstabes wird die Aufhängung für die Waage befestigt. Dieser Stab wird nun in den mit feuchtem Sand gefüllten, großen Eimer als Standfuß gesteckt. Jetzt werden die Waagschalen links und rechts an den Kleiderbügelnuten angebracht und mit dem Bügelhaken aufgehängt, sodass die Waage einsatzbereit ist. Sie eignet sich besonders gut für den Einsatz im Außenbereich. Kinder erkennen durch eigenes Experimentieren mit unterschiedlichen Materialien (Sand, Steine und Stöckchen), wie sie die Waage ins Gleichgewicht bringen können.

Hinweis
Kinder müssen erkennen, dass die Waagschalen gleich schwer sein müssen, damit die Waage auch ohne Befüllung im Gleichgewicht ist. Der Standfuß muss ausreichend Festigkeit für den Stab bieten, damit er nicht zur Seite kippt. Auch kann diese Waage alternativ ausreichend tief in einen Sandkasten gesteckt werden.

9. Die Windel

Alter: ab 3 Jahren, je nach Begleitung durch eine Fachkraft
Bildungsbereiche: kognitive Entwicklung, Grob-Fein-Motorik
Material: Einwegwindel, Teelöffel, Schere, 3 Gefäße als Ablageort der Windelteile, Wasser in einem Messbecher, Pipette

Impuls/Angebot:
Das „Trockenwerden" ist für Kinder ein Thema, mit dem sie sich intensiv auseinandersetzen. Sie interessieren sich für ihre Ausscheidungen und ihr Hygieneverhalten (Windelwechsel, Toilettengang etc.).
Oft ist ein Teil dieses Prozesses die Einwegwindel: Wie funktioniert sie? Warum fühlt sie sich trocken an, wenn ihr Inhalt doch eigentlich nass sein müsste? Kinder lieben es, diesen Fragen auf den Grund zu gehen, und dafür wird eine Einwegwindel in ihre Bestandteile zerlegt:

- Watte/Zellstoff, die/der besonders viel Flüssigkeit aufsaugt und weich ist
- Polyethylen (PE)/Kunststoff, das/der die wasserabweisende Hülle bildet
- Superabsorber, der sich meist auf der unteren PE-Schicht befindet und ein wenig wie Zucker oder Salzkristalle aussieht

Die Kinder zerlegen die Windel in die drei funktionalen Einzelteile. Dabei lässt sich der Superabsorber mit einem Löffel abschaben. Anschließend wird mithilfe der Pipette ausprobiert, wie viel Wasser der Absorber aufnehmen kann, wie schnell sich sein Volumen dabei vergrößert und wie trocken er sich immer noch anfühlt! Nach diesem physikalischen Vorgang sieht er aus wie „trockener Kunstschnee" – für Kinder sehr faszinierend, denn hier steht das Experimentieren im Vordergrund und die damit verbundenen Wahrnehmungserfahrungen, auf denen viele kognitive Prozesse beruhen.

> **Hinweis:**
> 2–3 TL Superabsorber (Foto: im kleinen Gläschen) saugen ca. 500 ml Wasser auf (Foto: in der großen Schüssel).

10. Schaum-Varianten

Alter: ab 3 Jahren
Bildungsbereiche: Sinneswahrnehmung, kognitive Entwicklung
Material: Rasierschaum, mit einem Schneebesen aufgeschlagener Schaum aus Wasser und Spülmittel, Schaum aus einem Pump- oder Schaumseifenspender
für die Variante: Löffel, Schalen oder/und Tabletts, Lebensmittelfarben

Impuls/Angebot:
Besonders der taktile Sinn wird durch die Berührung und das Experimentieren mit verschiedenen Schäumen angesprochen. Nicht die Herstellung steht dabei im

Fokus, sondern in erster Linie die Konsistenz. Je nachdem, wie viel Luft im Schaum enthalten ist und aus welchen Zutaten er besteht, ergibt sich ein anderes haptisches Gefühl. Rasierschaum ist sehr „dicht" und „seifig". Schaum, der durch das Aufschlagen von Wasser mit Spülmittel entsteht, zerfällt schneller und enthält viel Luft. Schaum aus Pumpseifenspendern hält länger, bevor er zerfällt, und hat eine sehr „feine" Konsistenz. All das sind Nuancen, die das Interesse der Kinder wecken, den Schaum zu untersuchen und das wohlige Gefühl auf der Haut zu genießen.

Variante:
Bei den Schaum-Varianten bieten sich für die nähere Untersuchung Löffel, Schalen und Tabletts an. Eine weitere Variante ist, den Schaum mit ein paar Tropfen Lebensmittelfarbe einzufärben. Hier ergibt sich die Option, den Schaum zu mischen und festzustellen, wie sich die Farben dabei verändern.

11. Saugheber

Alter:	ab 4 Jahren
Bildungsbereiche:	kognitive Entwicklung, Grob-Fein-Motorik
Material:	Saugheber in verschiedenen Größen

Impuls/Angebot:
Saugheber veranschaulichen auf einfache Weise das Prinzip des Unterdrucks. Es gibt sie in kleinen Ausführungen, z. B. zum Austausch von Handydisplays, oder in groß, z. B. zum Anheben von Glasplatten.

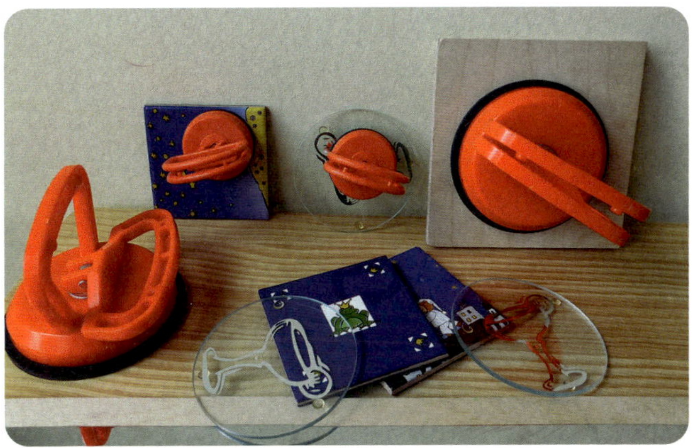

Kinder probieren aus, was sich mit den unterschiedlichen Saughebern anheben lässt: das Holzbrett, der Untersetzer aus Kork, aus Kunststoff oder aus Glas. Wo überall saugen sich die Heber fest und wie genau funktionieren sie? Das Material bietet Diskussionsgrundlagen und Impulse für spannende Projekte.

12. Bilder erscheinen lassen

Alter:	ab 3 Jahren, je nach Komplexität der Geschichte und der Möglichkeit, Symbole und Bilder selbst zu gestalten
Bildungsbereiche:	Sprache, Kommunikation, sozial-emotionale Entwicklung, Feinmotorik, kognitive Entwicklung, Sinneswahrnehmung
Material:	Toilettenpapierblätter, Filzstifte, flache Schüssel oder Teller mit Wasser
für die Variante:	Pipette

Impuls/Angebot:
Bilder können auf vielfältige Art erscheinen, wecken das Interesse der Kinder und regen zur Kommunikation an. Ein „Überraschungseffekt" besteht darin, dass ein Blatt einer Toilettenpapierrolle vorsichtig mit einem Filzstift bemalt wird. Dafür eignen sich besonders einfache Figuren oder Symbole, wie ein Regenbogen, eine Zahl, ein Kreis etc. Anschließend wird ein zweites Blatt darübergelegt. Beide werden jetzt langsam in eine Schüssel mit Wasser gelegt. Sie saugen sich voll, haften aneinander und das gemalte Bild wird sichtbar.

Durch diese Methode lassen sich Geschichten noch anschaulicher darstellen, da bestimmte Charaktere oder auch besondere Ereignisse „sichtbar" gemacht werden können.

Variante:
Die Methode eignet sich auch als Impuls im Freispiel. Dazu werden einfarbig bemalte Toilettenpapierblätter zu Strängen eingedreht und auf eine wasserfeste, vertiefte Unterlage (Teller) gelegt. Tropfen die Kinder mit einer Pipette Wasser auf diesen Strang, so saugt er sich voll und die Farbe tritt intensiv hervor. Dieser Aha-Effekt ist sehr faszinierend.

13. Der narrative Ordner

Alter: ab 4 Jahren
Bildungsbereiche: Sprache, Kommunikation, sozial-emotionale Entwicklung, Grob-Fein-Motorik
Material: alte Aktenordner, Zange, Materialien zur Gestaltung der Ordner, z. B. Tapetenreste, Stoffreste, Farbe, Tonpapier, Kleinmaterialien; Kleber, Schere

Impuls/Angebot:
Aussortierte Aktenordner, bei denen vielleicht der Verschluss nicht mehr richtig funktioniert, lassen sich gut weiterverwenden. Der Verschluss wird mit einer Zange entfernt und die Innenseiten des Ordners werden, passend zu einem Thema, gestaltet (siehe Foto).

Der Ordner lässt sich aufgeklappt sicher aufstellen und dient so als Hintergrundbild (Zimmer, Wald, Unterwasserwelt etc.) für viele spannende Geschichten. Die Kinder können den Ordner mithilfe von Materialien und Figuren, die sich separat in einer Schachtel befinden oder die frei im Raum stehen, in ihr Spiel integrieren (siehe Foto).
Hinterher wird er platzsparend im Regal verstaut und kann nach Belieben wieder hervorgeholt werden.
Wenn auf dem Rücken des Ordners ein Foto des Inhalts angebracht ist, kann er schnell zugeordnet werden.
Narrative Ordner funktionieren ähnlich wie die entsprechenden Boxen.

Hinweis:
Sollen die Ordner geschlossen in einem Regal aufbewahrt werden, muss beim Gestalten darauf geachtet werden, die Knickfalten nicht zu überkleben. Der Ordner lässt sich sonst nicht mehr richtig schließen und muss geöffnet gelagert werden.

14. Geschichten im Pizzakarton

Alter:	ab 4 Jahren, je nach Verwendung des Kartons als Baumaterial, für das Rollenspiel, als Kreativarbeit etc.
Bildungsbereiche:	Kommunikation, sozial-emotionale Entwicklung, Feinmotorik
Material:	Pizzakartons; Materialien zum Gestalten, wie z. B. Farbe, Tonpapier, Stoffreste, Holzspatel, Kleinmaterialien, Figuren; Kleber, Schere

Impuls/Angebot:
Der vorgestanzte Pizzakarton wird zusammengefaltet. Da die Kinder die Pizzakartons meist nur im zusammengebauten Zustand kennen, sollen die Fachkräfte sie beim Zusammenstecken ihrer Kartons unterstützen. Der so entstandene Innenraum kann nun von den Kindern nach eigenen Vorstellungen oder Themen ausgestaltet werden, dabei sind der Fantasie keine Grenzen gesetzt. Situations- oder themengemäß wird das Material für die entstehende Geschichte im Karton zusammengestellt. Unterstützend ist es, den Innenraum vorher in bestimmten Farben zu grundieren oder mit Tapete, Tonpapier, Stoffresten, Strukturpapier etc. auszukleiden. Wird der Karton aufgeklappt, ist die Rückwand die Kulisse und der Kartonboden der Bühnenraum, auf dem die Geschichte gespielt wird. So kann z. B. ein Schwimmbad oder auch eine Waldszene (siehe Foto) entstehen.

> **Hinweis:**
> Die Rückwand des Pizzakartons lässt sich besser aufstellen, wenn sie unten an beiden Seiten eingeschnitten wird. So lässt sich der Schlitz besser in den Rand des Pizzakartonbodens stecken und der Deckel bleibt aufgeklappt.

Als Spielutensilien bieten sich ähnliche Materialien an, wie sie sich auch in einem Geschichtensäckchen (siehe S. 87) befinden. Durch Figuren, in Aufsteller geklemmt, lassen sich die Geschichten noch beweglicher gestalten (siehe S. 88).

Die Kinder können miteinander kooperieren, indem sie sich untereinander absprechen, helfen und voneinander partizipieren. Ihr Selbstbewusstsein wird gestärkt und macht sie stolz, etwas geschaffen zu haben.

Die Kinder können die Pizzakartons nach eigenen Interessen zum freien Spiel nutzen.

Die Fachkräfte haben ebenfalls die Möglichkeit, in Absprache mit dem Kind die entstandenen „Spielbühnen" als gelenkte Aktivität zu nutzen und passende Geschichten damit zu erzählen.

Kompetenzen, wie z. B. das Vorstellungsvermögen, die Feinmotorik oder dreidimensionales Denken werden geschult.

> **Hinweis:**
> Zusammengesteckte Pizzakartons eignen sich auch als Baumaterial und lassen sich kreativ im freien Spiel verwenden (siehe auch Impuls „Versandkarton und Gipskartondübel", Seite 70).

15. Ton-Geschichten

Alter: ab 4 Jahren

Bildungsbereiche: Sprache, Kommunikation, sozial-emotionale Entwicklung, Sinneswahrnehmung, Grob-Fein-Motorik, kognitive Entwicklung

Material: Ton, Schälchen mit Wasser, Unterlage, luftdicht verschließbares Gefäß; evtl. Gegenstände für die Kulisse, wie Tannenzapfen, Steine, Zweige, Bäume

Impuls/Angebot:

Eine Form des darstellenden Spiels sind „Geschichten aus Ton". Kinder lieben den Umgang mit Ton und modellierbarem Material, das nicht nur den taktilen Sinn anspricht, sondern auch die Kreativität unterstützt. Bekannt geworden sind die Geschichten durch die Schweizer Figurenspielerin Margrit Gysin. In diesem Impuls werden neben der Kommunikation ebenso das soziale Miteinander angeregt.

Als Bühne nutzt die Fachkraft ein Tuch oder eine Wachstuchdecke und dekoriert sie je nach zu erzählender Geschichte auch noch mit Steinen, Zweigen, Tannenzapfen etc. Jetzt kommt die große „Geschichtenkugel" zum Einsatz – der Ton. Aus ihm entnimmt die Fachkraft immer ein Stück, um daraus einfache Figuren parallel zur Geschichte zu formen.

Helfen können die Kinder beim Herstellen der Figuren, indem sie immer einen Teil der Geschichte – ein Stück Ton – in der Hand halten, bis er für eine Figur gebraucht wird. Hierdurch haben die Kinder die Möglichkeit, mit dem Material in Kontakt zu kommen, die Hände zu beschäftigen und Spannungen abzubauen, wodurch ihre Konzentration gefördert wird.

Es ist nicht wichtig, wie die entstandene Tonfigur aussieht – sie ist das, was die Kinder in ihr sehen. Wenn eine unförmige Tonmasse ein Wolf ist, ist sie auch der Wolf in der Geschichte und wird so von den Kindern ungefragt akzeptiert.

Je nach Entwicklungsstand und Erfahrung mit dieser Art des darstellenden Spiels können alle Figuren von den Fachkräften oder den Kindern gestaltet werden. Möglich ist es auch, wenige Hauptcharaktere zu modellieren. Dabei können Nebencharaktere schon vorher in die Kulisse integriert oder während des Erzählens in das Bühnenbild eingefügt werden (Holzfiguren, Steinmännchen, etc.). Die Geschichten aus Ton sind ein gutes Beispiel für dialogisches Erzählen, da die Kinder direkt an der Entstehung der Geschichte beteiligt sind und sich aktiv einbringen können.

Variante 1:
Abhängig vom Entwicklungsstand und der Erfahrung mit dieser Form der Geschichten sollte den Kindern im freien Spiel eine Ecke im Raum zur Verfügung gestellt werden, wo sie ihre eigenen Geschichten erfinden können.
Im Außenbereich kann es eine Kiste mit Ton und Kulissenmaterial, wie Steinen, Tannenzapfen, Stöcken etc., sein. Als Kulisse eignen sich hier auch die „Kronkorkenbäume" (siehe S. 79).

Variante 2:
Nicht jede Tonfigur wandert am Ende der Geschichte in die „Geschichtenkugel" vom Anfang zurück. Lieb gewonnene Charaktere können getrocknet oder gebrannt werden und stehen somit für das freie Spiel zur Verfügung. Auch kann von den Kindern so selbst eine Geschichte erfunden und ggf. später vor „Publikum" aufgeführt werden.

Hinweis:
Der Ton kann je nach Anforderung und Umgebung durch verschiedene Modelliermassen, wie z. B. Lehm, Knete, ersetzt werden. Einfache Modelliermassen-Rezepte finden sich im Downloadbereich.

Nachwort

Was wir noch sagen wollten ...!

Uns hat es viel Freude bereitet, dieses Buch zu schreiben.

Viele Ideen wurden umgesetzt, um das Freispiel für die Leserschaft durch Bilder, Fotos, Grafiken und Erklärungen „erlebbar" werden zu lassen. Es fiel uns schwer, die richtigen Entscheidungen zu treffen, denn das Wichtigste zu der Thematik sollte kurz, knapp und nachvollziehbar zusammengefasst werden. Viele Gespräche miteinander, aber auch der Austausch mit Eltern und Fachfremden ließen nach einigen Überarbeitungen ein Konzept wachsen, das uns letztendlich sehr zusagt. Die Verknüpfung von Theorie und Praxis war uns dabei ein besonderes Anliegen. Wir wollten ganz bewusst von der Beobachtung des Kindes ausgehen und es in den Mittelpunkt unseres pädagogischen Handelns stellen. Unsere Motivation zu diesem Buch war es, die Selbstbildungspotenziale der Kinder besonders hervorzuheben, was sich mit den theoretischen Kenntnissen und den daraus abgeleiteten Impulsen und Materialien gut umsetzen lässt.

Wir stellen in den Tagesstätten aktuell einen Trend zur Verwahrung fest, der all die hehren Bildungsziele vergangener Zeiten – sowohl für den Primarbereich als auch in der Ausbildung der pädagogischen Fachkräfte – bedeutungsloser werden lässt.

Wir wollten mit diesem Buch als kleinem Mosaikstein dazu beitragen, kurz und prägnant die elementaren Aspekte in der pädagogischen Begleitung des Freispiels begreifbar darzustellen.
Wir wünschen uns für unsere Leserschaft, dass trotz der oftmals zusätzlichen beruflichen Belastungen unser Ratgeber Grundlagen bietet, praktisches Handeln bewusst mit theoretischem Wissen zu verbinden. So können Kinder in ihrer Entwicklung optimal unterstützt und individuell begleitet werden!

Im Gegenzug wünschen wir uns von unserer Leserschaft ein offenes Ohr, einen positiven Blick, Zeit und Geduld in ihrer praktischen Arbeit. Immer leichter gesagt als getan – und darum umso bedeutsamer!

Ihre Gaby Fischer-Düvel und Nina Held

Danksagungen

Danksagung Gaby Fischer-Düvel

Foto: Uta Düvel

Ja, es ist wahr, mir war und ist es immer ein großes Anliegen, mit den Augen der Kinder die Welt zu sehen, ihre Wünsche und Bedürfnisse wahrzunehmen und sie so in ihrem Tun – ohne vorgefertigte Spielmaterialien – zu unterstützen. Hier hatte mein Mann immer einen guten Blick, Materialien aus dem Alltags- bzw. Baubereich so umzufunktionieren, dass es spannende Impulse wurden!
Unser Enkelkind Jonah war immer ganz neugierig und begeistert, alles Neue sofort auszuprobieren.
Ein ganz großes Dankeschön geht an meine Kinder Volker, Lara und Uta, die die Texte gelesen, korrigiert und Schaubilder mitentwickelt haben!
Diese Unterstützungen waren für Nina und für mich eine gute Basis in unserer konstruktiven Zusammenarbeit!
Wir sagen auch dem Verlag einen herzlichen Dank für die Offenheit und Akzeptanz bei der Realisierung unseres Buches!

Danksagung Nina Held

Foto: Luisa del Carmen Kasper

Ich möchte mich ganz herzlich bei meiner Familie für die Unterstützung bei diesem Buchprojekt bedanken, ihr seid toll! Mein Dank geht auch an alle Kinder, die mit mir gespielt und die Materialien, Impulse und Angebote auf ihre Praxistauglichkeit überprüft haben. Ohne euch wäre das Projekt so nicht möglich gewesen. Danke an Erik H., Till H., Finn H., Moritz K., Lea K., Liselotte W., Johanna H. und Rabea H.

Literaturverzeichnis

Bernstein, Saul; Lowy, Louis (1982):
Untersuchungen zur sozialen Gruppenarbeit in Theorie und Praxis.
7. Auflage.
Freiburg im Breisgau: Lambertus

Erziehungsmaßnahme: Ich-Botschaften und aktives Zuhören
In: https://www.kindererziehung.com/Paedagogik/Erziehungsmassnahmen/Aktives-Zuhoeren.php
(aufgerufen am 14.12.2023)

Fthenakis, Wassilios E.; Textor, Martin R. (Hrsg.) (2000):
Pädagogische Ansätze im Kindergarten.
Weinheim/Basel: Beltz

Gartinger, Silvia; Janssen, Rolf (Hrsg.) (2014):
Professionelles Handeln im sozialpädagogischen Berufsfeld, Erzieherinnen + Erzieher. Bd. 1
1. Auflage. Berlin: Cornelsen

Haug-Schnabel, Gabriele; Bensel, Joachim (2015):
praxis kompakt – Raumgestaltung in der Kita
Freiburg im Breisgau: Herder

Hobmair, Hermann (Hrsg.) (2002):
Pädagogik
3. Auflage, korr. Nachdruck.
Troisdorf: Bildungsverlag Eins

Höhn, Kariane; Kercher, Angelika (Hrsg.) (2009):
Raumerkundungsbuch
Köln/Kronach: Carl Link

Höhn, Teresa (2010):
Die Bedeutung der aktiven Aneignung von Welt in den pädagogischen Konzepten Maria Montessoris, Johann Amos Comenius' und im Berliner Bildungsprogramm.
Hausarbeit.
Evangelische Hochschule Berlin

Prang, Charlotte (2001):
Mediation im Kindergartenalltag. Eine Methode der konstruktiven Konfliktlösung.
In: Kindergarten heute – Das Fachmagazin für Frühpädagogik.
Freiburg im Breisgau: Herder

Regel, Gerhard; Wieland, Axel Jan (1993):
Offener Kindergarten konkret: Veränderte Pädagogik in Kindergarten und Hort
Hamburg: E. B. Verlag

Vollmer, Knut (2017):
Fachwörterbuch für Erzieherinnen und pädagogische Fachkräfte.
Freiburg im Breisgau: Herder

Weinberg, Johannes (1996):
Kompetenzlernen
In: *Arbeitsgemeinschaft Betriebliche Weiterbildungsforschung e. V., Projekt Qualifikations-Entwicklungs-Management (Hrsg.):*
QUEM-Bulletin: Berufliche Kompetenzentwicklung 1/1996
Berlin, S. 3.